親鸞聖人五ケ条要文

可藤豊文

Toyofumi Kato

法藏館

世界にはあなた以外誰も歩むことのできない唯一の道がある
それはどこに行き着くのかと問うてはならない
ひたすらその道を歩め
（ニーチェ『反時代的考察』より）

親鸞聖人五ヶ条要文　目次

第三章 114

第四章 163

親鸞聖人五ヶ条要文（全文）

第一章

我が宗において自力を捨てて他力を取るといふは、人の貪、瞋、痴の三毒に惹かるる剛強の自力を捨てて、無明の煩悩に汚されざる明明たる本心に基づくということなり。仮《かり》に教ゆる所の方便を頼んで、心を行願に用ひず、称名念仏のみを所作とせば、永劫を経るとも仏果に至り難し。必ず仏は遠きにあらず、還《かえ》って我が心に立ち進むべきこと。

第二章

一向一心の宗旨なりとて、他宗に耳をふたげ、我が宗に偏頗《へんぱ》すること誠に愚痴の至りなり。此《かく》の如く修行するものは、心狭く人にも疎《うと》まれ、法にも背くことなり。一向一心といふは、生死善悪を離れ、神通加持にも心をよせず、自他差別なき一心といふことなり。花を花と見、月を月と見る。只そのままの心、即心仏性なり。この外何事かあらん。悪しく心得て、深きに陥ることあさましき次第なり。

第三章

常々阿弥陀仏と唱えて往生を願ふ。その阿弥陀仏とは、我が心の異名なり。然《しか》あれば念仏は、我が心を呼び返し呼び返し、散乱の心を止むるがための方便なり。斯《かく》の如く念仏修行の心を知るものは、心もさながら朗らかなり。

第四章

雑行を止めよといふことは、愚痴の凡夫には、万行を措《さ》し置いて、只阿弥陀仏の名号一遍に志深ければ、必ず極楽の国に生るること疑いなしと教ゆるを誘引の媒《なかだち》となすなり。又、信心ある人に言ふ、只我が心を明らむ外は雑行なり。この雑行を止めよと教え諌《いさ》むるなり。

第五章

我が宗は菩薩自受用に結縁し、愍《あわれ》みを心に含み、魚肉禁戒も持たず、男女道俗も席を同じうして、柔和を以って殊勝を抱き、慈悲を以って行とせば、如来の本願に漏れず、永く此《この》生を異類中行すべきなり。あなかしこ。

第一章

我が宗において自力を捨てて他力を取るといふは、人の貪、瞋、痴の三毒に惹かるる剛強の自力を捨てて、無明の煩悩に汚されざる明明たる本心に基づくということなり。仮《かり》に教ゆる所の方便を頼んで、心を行願に用ひず、称名念仏のみを所作とせば、永劫を経るとも仏果に至り難し。必ず仏は遠きにあらず、還《かえ》って我が心に立ち進むべきこと。

1　迷悟は我にあり

チャーンドギア・ウパニシャッドの末尾にわれわれ人間にとって何とも不可解な言葉がある。それは「あなたは再びこの地上に戻り来ることはない」というものだ。しかも、このアポクリュフォンは二度も繰り返されて終っている。もちろん、死ねばすべては終りだから当然ではないかというような単純な理由からではない。この世に生まれてくることを否定するかのようにもとれることの文章の真意はどこにあるのだろうか。そして、この言葉は釈尊の教えを集めたものとして、比較的古いとされる経典の中にも二度登場してくる。

その一つは、ある村に滞在していた釈尊に対して、バラモンのバーラドヴージャが、種を蒔き、耕すことのない者は食べるべきではないと批判したのに対し、釈尊はあなたも自らを耕し、退くことなく努めるならば、二度と渇きを覚えることのない安穏の境地（涅槃の境地）へと赴くであろうと、逆に諭されたというものだ。それを聞いた彼はすぐさま田を耕すこと止め、釈尊のもとで出家し、ひとり怠ることなく修行に専念していたが、まもなく次のように覚ったという。

生まれることは尽きた。清らかな行いはすでに完成した。なすべきことをなしおえた。もはや再びこのような生存をうけることはない。

『スッタニパータ』

生まれることが尽きたというのだから、彼（また、われわれ）は今生だけではなく、これまでにも何度か生まれてきたということになるだろう。そして、生まれたものは必ず滅びるというのが存在の法則であるから、われわれは何度も生と死を繰り返してきたということになる。従って、生まれることが尽きるとは、生と死の繰り返しを離れることができたということだ。つまり、釈尊の教え通り自己を開発（耕作）し、安穏の境地（ニルヴァーナ）に至るものは、もはや生と死からなるこの地上に再び戻り来ることはないということだ。それは釈尊自身が二九歳で出家した時、彼が何を考えていたかを知れば、より一層明らかになるであろう。

比丘たちよ、私はまだ正覚を成じなかった時、かように考えた――まことに、この世は苦の中にある。生まれ、老い、衰え、死し、また生まれ、しかも、この苦を出離することを知らず、この老死を出離することを知らない。まことに、いずれの時にか、これらの出離を知ることができようか。

『雑阿含経』

この世に生息する人間は生・老・病・死の四苦に喘ぎ、しかも、それは一度限りではないと釈尊は言う。彼はそれを如何にして離れることができるかを知ろうとして、修行僧になったことが分かる。すると、この世に生まれてくることがどういうことかを考えてみるのも、あながち無意味ではないはずだ。少なくとも、この世でなすべきことをなし終えた者は、もはや再びこのような生存を享けることはなく、涅槃の境地へと赴くであろうが、この世に生を享けた者として、いろんなことに挑戦はするものの、本当は何をなすべきか知らないものはもちろんのこと、なすべきことをなさず、また道半ばで未完のままこの世を去る者は、その無知ゆえに、その未完成ゆえに、ゆくりなくも再びこの地上に舞い戻ってくることになるからだ。さらに釈尊は、

「これは私の最後の生存であり、もはや再び生を享けることはない」ということを、この世で如実に知っている人々がいる。

『スッタニパータ』

と言う。「最後の生存」は、また「最後の身体」とも言われ、もはやこのような身体を纏って、

この世界に再び生まれてくることはないであろうから、「最後」なのだ。しかし、この生存が、この身体が最後であると知っている人々がいる一方で、生まれてくるということがどういうことか、あるいは生まれてきたことは仕方ないとしても、今、何をなすべきかを知らず、ただ徒に生まれ、徒に死を繰り返しているわれわれがいるのだ。すると、われわれ人間には二つの存在が考えられる。一つは生死の苦海（親鸞の言葉）を転々としているもの、もう一つはこの生存が最後であると知って、生と死の繰り返しを離れるものである。それでは、この違いはどこから生じてくるのであろうか。

生死はただ心より起る
心もし滅することを得ば
生死も則ちまた尽きん
『華厳経』

生死は一義的にわれわれの身体（肉体）に関わるものである。しかしこの経典は、生死という、いわば物質的・肉体的な出来事も、われわれの心と深く関係していると見ているのだ。そして、生と死が尽きるのはわれわれの心が消え去るときであるという。すると、心というものが一般に理解されている概念を遥かに超えて、人間存在（誕生）を規定する重要なファクターをなしていることが容易に想像されよう。

この重要な存在の原理については、いずれ詳しく検討するとして（第四章参照）、心が消え去るとき、心はどうなるのであろうか。もちろんそれは無心となる。しかし、「無心はすなわち真心なり、真心はすなわち無心なり」と禅宗初祖のボーディダルマ（菩提達磨）が言ったように、無心こそわれわれの真実の心（真心）なのだ。そこに心などというものが起こったがために、今われわれは徒に生々死々を繰り返し、六道（天・人・修羅・畜生・餓鬼・地獄）・四生（胎・卵・湿・化）の間を経巡っているのだ。

何が故に衆生は六趣（六道）に輪廻し、生死を断たざる。答えていわく、衆生は迷妄にして、無心の中において妄に心を生じ、種々の業を造って六趣に輪廻せざるは無し。

菩提達磨『無心論』

衆生とは六道に輪廻しているわれわれ自身のことであるが、本来何もない無心の中に妄りに心が起こると、その心の欲するところに従って、われわれは行為の世界に入っていく。しかし、それがかえって業（カルマ）を結び、われわれはゆくりなくも生死輪廻する衆生となる。浄土の思想家として、心の有無について、その違いを的確に表現している人物を挙げるとすれば、それは一遍（一二三九―一二八九）の次の言葉になろうか。

常の仰せにいわく、有心は生死の道、無心は涅槃の城と云々。生死を離るるというは、心を離るるをいうなり。……分別の念想（心）の起こりしよりこのかた生死なり。

一遍『播州法語集』

生死（サンサーラ）と涅槃（ニルヴァーナ）に分かれるのは心の有無に依るのであり、われわれが心を離れる（滅する）ことができたら、生死の世界（六道輪廻の世界）から涅槃の世界へと帰って行くと、一遍も常々弟子たちに語っていたようだ。この離れなければならない心を彼は「妄念」、あるいは「妄想転倒の心」と呼ぶが、決して特別（病的）な心ではなく、われわれが普通に心と呼んでいるものであり、心理学が扱っているのもこの心なのだ。それはまた、どこからともなく妄りに湧き起こる心（想念）という意味で妄心ともいう（親鸞が後に**散乱の心**と呼ぶものに相当する）。

仏教は世界を生死の世界（サンサーラ）と涅槃の世界（ニルヴァーナ）の二つに分けるが、それは世界が二つ存在するということではなく、世界はあくまで一つなのであるが、心が生ずればサンサーラ（生死）の世界となり、心が滅すればニルヴァーナ（涅槃）の世界となる。あるいは、われわれの行為の基盤としての心が妄心（有心）であるか、真心（無心）であるかによって、世界も二つに分かれてくるということだ。

例えば、『大乗起信論』はわれわれの心を妄心（心生滅の相）と真心（心真如の相）の二相に分けたが、心に二相あることから生死の世界（虚妄の世界）と涅槃の世界（真実の世界）に分かれてくるという。妄心（有心）ならば生死輪廻する世界に入っていくが、真心（無心）ならば、生死は尽きて涅槃の世界へと帰って行く。これと同じ文脈で言われているものを挙げるとすれば、それは無著（四―五世紀）の次の言葉であろう。

生死とは、謂く依他起性の雑染分なり

涅槃とは、謂く依他起性の清浄分なり

無著『摂大乗論』

彼もまた、生死（迷い）の世界は心の雑染分（妄心）に依るのであり、涅槃（悟り）の世界は心の清浄分（真心）に依ると言う（詳細は後に譲り、ここでは「依他起性」を心と解しておく）。このように、妄心でもって世界に対するとき、見るものことごとくが虚妄の世界（生死の世界）となり、真心でもって世界に対するとき、見るものことごとくが真実の世界（涅槃の世界）となる。それは、一遍が「真俗二諦は相依の法」と言い、また中国華厳宗第三祖の法蔵（六四三―七一二）が「真諦と俗諦はただ二義のみあって二体あることなし」と言ったこととともよく符合する。真実の世界（真諦）と虚妄の世界（俗諦）は存在の二つの有り様であって、決して二つの世界があるというのではなく、本来は一つなのだが、見るわれわれの心によって二つに分かれるから「二義」という。

言うまでもなく、現在われわれが生きているところは妄心が捉えた虚妄の世界であり、妄心というと何かにとりつかれた人間の妄想と考え、自分はしっかりと現実を見据え、理路整然と物事を見ているから、私には関係ないと思うかもしれないが、そうではない。六祖慧能（六三八―七一三）が「心は本よりこれ妄なり」と言ったように、われわれが深くその起源を尋ねることもなく、ごく普通に心と呼んでいるものであり、思考、欲望、感情など、どこからともなく妄りに湧き起こる心ということであった。また、絶えず浮かんでは消えしながら、途切れることなく続いている心という意味で、「生滅心」あるいは「相続心」ともいう。生滅を繰り返しながら、良くも悪くもわれわれを生死輪廻の絆に繋ぎ止めている心であり、親鸞もまた「一生の間、思いと思うことみな生死の絆にあらざることなし」と言ったように、この心が生滅を繰り返しながら輪廻転生していることから、『円覚経』はそれを「輪廻の心」と呼んだ。

ここから、仏教が目指しているもの、あるいはわれわれ人間が辿るべき方向が見えてくる。簡単に言えば、仏教はわれわれを迷いの世界（サンサーラ）から悟りの世界（ニルヴァーナ）へと連れ戻し、虚妄から真実を顕わそうとしているのだ。しかし、それはわれわれがこの地上に虚妄に代わる真実を新たに作り出すという意味ではない。というのも、真実を作り出すことなど、妄心（妄想転倒の心）を生きているわれわれ人間には絶対できないのだ。人間が作り出すものは、天国から地獄まで、美しいものからおぞましいものまで、すべては虚妄であるからだ。だからといって、それがわれわれ人間にとって価値や意味が無いのかというと決してそうではない。それどころか、われわれの心（妄心＝思考）がこの地上に勝手に持ち込んだ価値や意味にどこまでも執着し、徒に混乱しているのがわれわれ人間なのだ。

一方、真実はわれわれ人間の思考（妄心）が判断し、構築するようなものではなく、むしろ虚妄を生み出している妄心（心）を除くことによって見えてくる世界なのだ。というのも、心（有心）が除かれれば、そこは真心（無心）が捉えた真実の世界であるからだ。この真実と虚妄の関係を最も端的に表現したものとして、同じく無著の文章を挙げておこう。

諸の凡夫は、真を覆いて一向に虚妄を顕わす
諸の菩薩は、妄を捨てて一向に真実を顕わす

無著『摂大乗論』

諸々の凡夫、すなわちわれわれ人間は、真心を自らの妄心で翳《かざ》しているがために、見るものことごとくが虚妄になっている。われわれが見ているものは真実ではなく、『起信論』がいうところの妄境界（虚妄の世界）なのだ。しかも、その理由はわれわれ自身が真実を覆っているからに過ぎない。一方、諸々の菩薩、すなわちわれわれ人間が辿るべきは、妄心を捨てて、真心で見るならば、見るものことごとくが真実となる、その違いなのだ。仏教（宗教）における真実と虚妄の違いは心の真・妄に依るのであり、今のところわれわれが見ている世界は心（妄心）が捉えた虚妄の世界（生死）であり、真実の世界（涅槃）はその背後に隠されている。だから、親鸞も「涅槃の門に入るとは、真心に値うなり」（『浄土文類聚鈔』）と言ったのだ。虚妄を生み出す妄心を除き、真心を知りさえすれば、その後から真実はありのままの姿を顕わしてくるとなろうか。

ややもするとわれわれは、仏教が説く真実はこの世界から遠く離れた何処か、あるいは未来の事柄の如く考えるが、そうではない。真実（真如）はわれわれが日夜思い煩っている心と深く関係しているのだ。つまり、虚妄（生死）と真実（涅槃）はわれわれ自身の心の有り様であって、迷いも悟りもわれわれ自身の心に依るのだ。真実に明るい人であるか、暗い人であるか（明暗）はわれわれの心次第であり、人間は虚妄なるものと真実なるものとの間に架けられた橋なのだ。

それ仏法、遥かにあらず、心中にしてすなはち近し。真如、外にあらず、身を棄てて何をか求めん。迷悟、我に在れば、すなはち発心すれば、すなはち到る。明暗他にあらざれば、すなはち信修すれば忽ちに証す。

空海『般若心経秘鍵』

『起信論』は心を妄心と真心の二相に分けたが、さらに心を心と心性の二つに分ける。もちろん、これらは対応しているのだが、心性とは心の本性という意味であり、それは本より浄いということで「心性本浄」という。しかし、現在その心（心性）はさまざまな心（妄心）に纏われているために（それを「客塵煩悩」という）、われわれは真実（真如）が見えなくなっているのだ。それを禅の思想家慧能は「人の性は本と浄し、妄念によるがゆえに、真如を蓋覆うなり」（『六祖壇経』）と言った。

罪業もとよりかたちなし
妄想転倒のなせるなり
心性もとよりきよけれど
この世はまことのひとぞなき

親鸞『愚禿悲嘆述懐』

親鸞もまた、心性は本より浄《きよ》いと言う。しかし、それにもかかわらずこの世に真実の人（まことのひと）はいないと言う。その意味は、「心性本浄」であるけれども「客塵煩悩」ゆえに、いつしか生死に迷う存在となって、真実が何かも分からないまま、徒に生々死々を繰り返しているのがわれわれ人間であるということだ。しかし、親鸞はわれわれだけがそうだと言ったのではない。彼もまた、自らを省みて、自分自身が悟り得ないまま無始劫来生死の苦海を転々としてきたことを、生前、妻の恵信尼に語っていたようだ。それは、彼女が娘（覚信尼）に宛てた書簡から窺い知ることができる。

山を出でて、六角堂に百日こもらせたまいて、後世を祈らせたまいけるに、九十五日のあか月、聖徳太子の文を結びて、示現にあずからせたまいてそうらいければ、やがてそのあか月、出でさせたまいて、後世の助からんずる縁にあいまいらせんと、たずね参らせて、法然上人にあいまいらせて、又、六角堂に百日こもらせたまいてそうらいけるように、又、百か日、降るにも、照るにも、いかなる大事にも、参りて在りしに、ただ後世の事は、善き人にも悪しきにも、同じように、生死出ずべきみちをば、ただ一筋に仰せられそうらいしをうけたまわりさだめてそうらいしかば、上人のわたらせたまわん所には、人はいかにもうせ、たとい悪道（畜生・餓鬼・地獄）にわたらせたまうべしと申すとも、世々生々にも迷いければこそありけめ、とまで思いまいらする身なればと、ようように人の申しそうらいしときも仰せそうらいしなり。

『恵信尼書簡』

二九歳（にもなってというべきか）の親鸞が、ほぼ二〇年に及ぶ修行生活にもかかわらず、解決を見ないまま比叡山を降り、法然上人の下を尋ねることになった、人生の根本問題が「後世」（死後）の事であったことを思う時、私は「人生のこの究極目的については、何も考えずに暮らしている人々、反省も不安もなくただ自分たちの性向と快楽の誘うままになっている人々、また永遠から思いをそらすことによって、この瞬間だけ幸福でありさえすればいいと考えている人々を私は何と呼べばいいのだろうか」と言ったパスカルの言葉を思わずにはいられない。時代と所が変わろうとも、人間の根本問題、というよりも彼らの心を捕らえた極めて素朴な疑問と不安は同質のものであったことが分かる。そして、宗教とは難解で高度な形而上学を開陳することでもなければ、まして瑣末な議論に耽ることではなく、誰もが一度は思いをはせたであろう、人生の漠とした死への不安に、どれだけ長く真摯に向かいあえるかにかかっているのだ。

それは、先に引用した釈尊が、同じ二九歳の時、われわれの誰もが辿っている生・老・病・死の問題を引っ提げて、雪山深くへと入り、六年間その問題を懐き続けていたことからも明らかである。しかも、その結論たるや、われわれ人間の無知（無明）ゆえに、生はただ死でもって終るのではなく、生々死々する迷いの存在であったのだ。それを親鸞は「世々生々にも迷いければこそありけめ」と言ったのであり、「世々生々」とは生死の苦海を転々と廻ること、すなわち輪廻転生を言い換えたものである。大切なことは、われわれが今ここに存在しているのは、われわれが世々生々に迷っているからであるとしたことは、よく心に留めておかねばならない。そして、このような反省に立って、親鸞が生涯を賭けて求めたものが、「後世」をも超える「生死出ずべき道」、すなわち生死の迷いの世界（サンサーラ）から如何にして涅槃の悟りの世界（ニルヴァーナ）へと帰って行くかということであったのだ。
すでにお気づきのことと思うが、いのちというものを考える場合、仏教の生命観とわれわれが一般に考える生命観の間には大きな隔たりがあることをまず理解しておく必要がある。その一助として、寒山（八―九世紀頃）の詩を引用してみよう。

生前　太《はなは》だ愚痴にして　今日の悟りを為さず
今日　許くの如く貧しきは　総て是れ前世の做《わざ》なり
今生　又た修めずんば　来世　還《ま》た故《もと》の如くならん
『寒山詩』

われわれが今、このような生存を享けることになったのは、前世において、無知と愚かさゆえに悟りの道に赴かず、虚しく人生を終えた結果であると、寒山は言う。そして、今生において一念発起し、道を尋ね求めるのでなければ、来世もまた、現世と同じように生死に迷う衆生であるだろう。親鸞的に言えば、世々生々に迷っているから、今生の生があり、この機会をとらえて、教え（仏法）を学び、道（仏道）を修するのでなければ、永劫に亘って生々死々は続いてゆくであろうということだ。このように、前世・現世・来世の三世的生命観に立って人間のいのちというものを見ているのが仏教であり、現世のみに限っていのちを見ているのがわれわれ人間の現世的生命観なのだ。

三世的生命観に立って、生死出離の道を求めたのが親鸞であり、道元もまた、生死を離れ、仏と成る道（『正法眼蔵』「生死の巻」）を説いた。一方、後者の現世的生命観に立つ時、一度しかない人生を悔いなく、今日一日を大切に生きるという崇高な人生観が生まれてくることは誰もが知っていよう。もちろん前者も後者の生き方に賛同するであろうが、後者が必ずしも前者を認めるとは限らないところに、彼ら（親鸞、道元など）とわれわれ人間の生き方、あるいは人生の目的に根本的な相違が生じてくるのだ。

生死出ずべき道を人間の究極目的として掲げたのは親鸞や道元だけではなく、当然のことながら、仏教の開祖釈尊にまで遡ることは、先に引用した『雑阿含経』の言葉からも明らかである。しかし、この生死出離の問題は、現世的生命観に立って、人間のいのちというものを考えている限り、決して脳裏に浮かぶこともなければ、問題にすらなってこない。たとえなったとしても、そんなたわいもないことで時間を費やすには人生は余りにも短いと思ってか、思わずか、多くの人々は今生において道を修めることもなく、その無知と怠慢ゆえに、来世もまた六道・四生を巡る衆生にとどまる。しかも、自ら生死に迷う衆生であると気づくこともなく、生々死々は果てしなく続いて行くのだ。

我れは本来、迷道の衆生
愚迷深き故に、迷えることを知らず

一休『狂雲集』

一代の傑僧一休宗純（一三九四―一四八一）も自らを「迷道の衆生」と言う。もちろん、われわれもまた例外ではなく、迷いに迷いを重ね、生々死々を繰り返すうちに、今自分がどこにいるかが分からないだけではなく、自分自身が迷っていることさえ気づいていないのだ。それほどわれわれ人間の無明の闇（無知）は深いということだ。そんなわれわれに、生の始めはもとより、死の終りが分かろうはずもなく、言うことが憚られるが、われわれの生は子宮から子宮へ、墓から墓へと巡っているだけなのだ。それを真言密教の開祖空海（七七四―八三五）は次のように言う。

生れ生れ生れ生れて生の始めに暗く
死に死に死に死んで死の終りに冥し

空海『秘蔵宝鑰』

このように、生と死の問題がわれわれ人間にとって最も重要なテーマであることは禅・浄・密いずれもかわらない。禅はそれを「生死事大」と言って、常にわれわれが心すべき課題としたことはよく知られている。ところが、現代に生きるわれわれは、自らが生死に迷う迷道の衆生であるとの自覚もなければ、またそうであるからこそ、「生死の苦海を出離せんことを求めず」（慧能『六祖壇経』）、ただひたすらパスカルが言ったように、自らの心（嗜好）の趣くまま人生七〇年、八〇年を駆け抜ける。これが常没の凡夫であるわれわれ人間の偽らざる姿であるが、それでもと言われる御仁には、徒労を承知の上で、少し異なる視点から生死輪廻について補っておこう。ま

ずは、道元の言葉から引用すれば、

　広劫多生のあいだ、いくたびか徒に生じ、徒に死せしに、まれに人身を受けて、たまたま仏法にあえるとき、この身を度せずんば、何れの生にか、この身を度せん。

『正法眼蔵随聞記』

とある。普通、われわれは生を「一生」と考えるが（ある意味でそうなのだが）、道元は「多生」と言う。もしわれわれの生が本当に一生なら、仏教が説くカルマ（業）の法則やパスカルの批判など無視し、多くの人々の生き方がそれを表しているように、あなたもまた自分の限られた生、しかも明日をも知れない生を法に触れない程度に、好きなように生きればいいのだ。何と言っても、一度しかない人生を精一杯生きるというのが分別ある大人から年端もいかない子供まで一致した意見なのであるから。もちろん私も、そう考えることに異論があるわけではないが、道元は、生は一度ではなく、人間は無始以来、いくたびか徒に生まれ、徒に死を繰り返して来たというので「広劫多生」であり、もし今生において、自らを救う（度す）、すなわちサンサーラ（生死）の世界からニルヴァーナ（涅槃）の世界に渡ることができなければ、生と死の徒ごとはこれからも延々と続くことになろうと、われわれに注意を促しているのだ。

　ところで、われわれの生の始め（誕生）と終り（死）が徒ごとならば、その間（あわい）で起こるどんな事柄もまた徒ごとではないのか。つまり、われわれが生と呼んでいるものにさしたる意味もなければ、深刻に受け取るべきものなど何もないということだ。また、そうであるからこそ、ときに人は耐え難いまでの生の虚しさと存在の無意味さに嘔吐を覚えることにもなるのかもしれない。もしかしたら、われわれ人間が試みるすべての営為は、この虚無と無意味さを包み隠すための方便、あるいは足掻きなのかもしれない。それは卑近なテレビ・ゲームから高尚なマネー・ゲームまで、常に刺激（景気）を煽らなければ、この日常は耐え難いものになるようだ。道元のこの言葉は、人間存在の希薄さ、危うさを的確に捉えているだけではなく、たまたま人間として生まれたのであるから、千載一遇のこの機会をとらえ、此岸（サンサーラ）から彼岸（ニルヴァーナ）へと渡っていきなさい。そうでなければ、再びあなたが人間として生まれ、この身を度す（渡す）、すなわち生死出離の機会が訪れるまでにどれほど空しく生と死を繰り返すことになるかあなた自身にも分からないのであるから、と言っているのだ。

広劫多生のあいだにも
出離の強縁しらざりき
本師源空いまさずば
このたび空しくすぎなまし

親鸞『高僧和讃』

親鸞もまた「広劫多生」と言う。そして、師法然（源空）に出遭うことがなかったならば、生死の世界（此岸）を離れて涅槃の世界（彼岸）へと渡る術（出離の強縁）も分からないまま、徒に時を費やし、空しく今生の生を使い果たしていたことだろうと、師に対する深い感謝の念とともに回想しているのだ。前世・現世・来世という三世的生命観は禅（道元）と浄土（親鸞）において、さらなる広がりを見せ、いずれも広劫多生の間、生死の苦海に沈淪し、「われもひとも生死をはなれんことこそ諸仏の御本意」（『歎異抄』）であるにもかかわらず、われわれは生の由来はもとより、死の去り行くところ（親鸞が言う「後世」のこと）も分からないまま、いくたびか徒に生まれ、徒に死を繰り返しているのだ。

そんなわれわれが理由はどうあれ、早まって自殺などして何になろう。結局それもまた、あなたを生死の絆に縛る業（カルマ）に過ぎないということがどうしても理解できないのだ。言っておくが、夫唱婦随の妻に先立たれ、後追い自殺をするなど、美談どころか、無知以外の何ものでもない。そこには本当の愛の意味、あるいはさまざまな人間関係（その殆どは利害関係であるが）の中で一体、何が本当に語られるべきかが全くと言っていいほど理解されていない。それは法然（師）が親鸞（弟子）に、親鸞（夫）が恵信尼（妻）に、恵信尼（親）が覚信尼（子）に語って聞かせたことと深く関係している。またかと思われるかもしれないが、やはり私は空海の言葉を引用せずにはおれない。

父子の親親、親の親たることを知らず
夫婦の相愛、愛の愛たることを覚らず
空海『秘蔵宝鑰』

親が子をどう教育するかなど、他人が軽々に踏み込むべき事柄ではないことを、私はよく承知しているつもりである。しかし、親鸞の家族を見ながら明らかになってくることが一つある。それは「父子の親親」、「夫婦の相愛」の中で、現代に限らず、いつの時代も忘れられてきたもの、それは「生死出ずべき道」を説いて聞かせることでないかということだ。宇宙に生命が誕生して以来、連綿と続く情報（DNA）を組み込まれた動物として、われわれ人間がさしたる考えもなく、その力に突き動かされ、抗い難く作動する機械（道具）のように、父母となることはむしろ容易い。しかし、親鸞や空海のように、人生の確たる視点を持って夫婦、親子の関係を捉えている大人が、果たして現代にどれだけいるであろうか、決して多くはないはずだ。

親鸞が法然から学んだ人間理解の行き着くところが、法然をして偏依善導と言わしめ、『歎異抄』にも登場する、「自身は現にこれ罪悪生死の凡夫、広劫よりこのかた常にしずみ常に流転して、出離の縁なき身と知れ」という善導の言葉（金言）になろうが、生死出離の縁（機会）もなきまま、否、出遭ってはいても、機根拙く、疑いの目（疑情）しか持ち合わせていないために、広劫よりこのかた転々と生死の世界を往来するばかりで、一向に涅槃の世界に帰ろうとしないのが衆生と言われるわれわれ人間なのだ。それを法然は「まさに知るべし、生死の家には疑をもって所止となし、涅槃の城には信をもって能入となす」（『選択本願念仏集』）と言い、親鸞もまた「もしまたこのたび疑網に覆蔽せられれば、かえって必ず広劫多生を経歴せん」（『浄土文類聚鈔』）と言ったのだ。われわれは生まれたといっては喜びの涙を流し、死んだといっては悲しみの涙を流すが、果たしてこの全体の意味がよく分かっていない。どうしてもわれわれ人間には「悲しみても悲しむべきは、流転永劫の罪累、恐れても恐るべきは生死長夜の苦果」（白隠『遠羅天釜』）であることが理解できないのだ。

2 無明の忽然念起

ではなぜ、われわれ人間は徒に生と死を繰り返す常没の凡夫になっているのであろうか。それは仏教の十二支縁起（無明・行・識・名色・六処・触・受・愛・取・有・生・老死）などが教えるように、人間存在の初めに無明（avidya）があるからということになろう。もちろんそれは、釈尊が自らに「何に縁って老死があるのであろうか。生に縁りて老死がある。では、何に縁って生があるのであろうか。有に縁りて生がある……」（『雑阿含経』）と問うていくと、最後は無明に行き着くというものである。つまり、人間は無明のうちに存在（有）を獲得したのだが、それは世々生々に迷う無明存在であったのだ。そして、無明に根差した「生」であるからこそ「老死」が避けられないのだとすると、まず糺すべきは無明は一体どこから生じてきたかを問うことであろう。

それには『起信論』から「無明の忽然念起」を取り挙げるのがいいだろう（詳しくは拙著『瞑想の心理学』を参照）。そこには「真如の法」（一法界）を覚ることができず、心性（自性清浄心＝真心）の上に忽然として念（心）が起こるところを指して無明と捉えている。つまり、真理（真如の法）は一なるもの（一法界）であると覚ることができなければ、たちまち心が妄りに生じ、それとともに主客（『起信論』はそれを「能見相」「境界相」という）の二元論的な認識、すなわち見るもの（私）と見られるもの（世界）が立ち現れてくるところに無明存在としての人間の起源を見ているのだ。

謂う所の心性は常に無念なるが故に、名づけて不変と為し、一法界に達せざるを以ての故に、心に不相応にして、忽然として念の起るを、名づけて無明と為せばなり。

『大乗起信論』

心性は本より無念（無心）なるがゆえに清浄であり、不生不滅という意味で永遠である。ところが、この心性（真心）の世界（一法界）を覚り得ないと、心が妄りに揺らぎ始める。そこを指して『起信論』は「不覚無明」というが、この背覚によって、忽然として心（念）が起動し始めると、われわれは一法界（真実の世界）ではなく、**生死善悪**をはじめとする二元葛藤する妄境界（虚妄の世界）を捉え始めるのだ。

そこのところを一遍は、「法性の都を迷い出しも一念の妄念による」と言ったが、心（妄念）が兆す一瞬（一念）に、われわれは本来在った場所（法性の都＝一法界）から退転し、ゆくりなくも生死輪廻する世界へと迷い出たというように考えているのだ。要は、一念の迷妄ゆえに、われわれはかつての場所を離れ、常没の凡夫になっているということだ。

また、チベット密教ニンマ派の思想家ロンチェンパ（一三〇八―一三六七）は、眠りの中で夢が現れるように、突如として真実を覆う無明の暗雲が現れると、われわれはもはや心性（semsnyid）に具わる智慧（仏慧）を見失い、真実を捉えられないまま、自らの心（sems）が作り出す二元葛藤する夢の如き六道輪廻の世界を転々とすることになると言う。

そうすると、十二支縁起全体は不覚ゆえに生じた心（妄心）のプロセスということになり、その心（妄心）ゆえに生と死（老死）は避けられないということになる。『華厳経』が「生死はただ心より起こる」といった、その心は不覚ゆえに生じた無明の心（『起信論』はそれを「無明妄心」という）であったのだ。だから逆に、その心が「もし滅することを得ば、生死も則ちまた尽き」、われわれは生死際なき輪廻の世界から涅槃の世界（法性の都）へと帰って行くであろうということになる。

このように、心が立ち現れてくるとともに、私（主）と世界（客）もまた現れてくる。逆に言えば、心が消え去れば私もなく世界もないということになるが、この逆修については第四章に譲り、ここでは心、私、世界の三者は一連のものであり、その内の一つだけを取り出して説明はできないことを確認するにとどめておこう。

「不覚にして念（心）を起こし、諸々の境界（世界）を見る」ところを『起信論』は無明と呼んだのであるが、これを受けて白隠（一六八五―一七六八）は、忽然と起こる無明の心（不覚妄心）とともに真心（心性）は見失われ（背後に隠れ）、それに代わって煩悩・邪見が妄りに生じ、四大・五蘊からなる身心、すなわちわれわれが自分と見なしている当のものが立ち現れ、ゆくりなくも生死際なき輪廻の世界へと踏み込むことを次のように言う。

これを「忽然念起名為無明（忽然と念の起こるを、名づけて無明と為す）」と云う、煩悩の邪魔、蜂の如くに起こり、邪見の妖魅、蟻の如くに競って、四大夢幻の廃舎、五蘊空華の朽宅、たちまち化して魔魅の住居となんぬ。

白隠『遠羅天釜』

「夢幻の廃舎」、「空華の朽宅」はそれぞれ身と心を指しているが、要は、われわれが自分と見なしている身心は夢幻・空華の如く仮に形を結んだものであり、忽然と心（念）が起こると、人間は真心（心性）を見失い、四大・五蘊からなる仮我（空海はそれを「五蘊の仮我」と呼んだ）を纏って、「魔魅の住居」、すなわち世々生々に迷うサンサーラの世界（虚妄の世界）に入ると彼は見ているのだ。われわれが自分と見なしている身心の居場所が本当に彼の言う「魔魅の住居」であるとしたら、よくよくわれわれは今、自分がどんな世界にいるかを考えてみる必要があろうし、またそんな世界に生まれてくることがどういうことかが真剣に問われて然るべきではなかろうか。しかも、このような無明に始まる生をわれわれが望んだものでないとしたら、なおさらである。

それ生は我が願ふにあらず。無明の父、我を生ず。死はまた我が欲ふにあらず。因業の鬼、我を殺す。

空海『性霊集』

いわゆる生が、われわれの望んだものではないという、あまりにも当然なことから見えてくる生の矛盾と危うさについては、拙著（『自己認識への道』）に譲るとして、この生が無明（の心）を原因として生じてきたものであるという空海の理解は、親鸞と一休がわれわれ人間を世々生々に迷う迷道の衆生と言ったことを裏付ける証左ともなろう。このように、生死の根元に無明があり、この根本無明からわれわれは生々死々する輪廻の世界を独り巡っているのだ。生まれてくるのも独りなら、死に逝くのも独りである。そして、生の始めと終りが独りなら、その間（あわい）もまた独りなのではあるまいか。というのも、魔魅の世界（この世）では仮我と仮我が出遭っているだけで、本当に通じ合うことなど望めないであろう。巷間、皮相な人間関係を論ずる人を見るにつけ、まず問われるべきは仮我に過ぎないあなた自身であることを蛇足ながら、付け加えておこう。でなければ、たとえこの地上で同じ屋根の下で何十年過ごしたとしても、仮我に過ぎないあなたは本当は誰と出遭うこともなく、独り生死の円還を巡ることになるからだ。

六道輪廻の間には　ともなう人もなかりけり
独うまれて独死す　生死の道こそかなしけれ
『一遍上人語録』

この凍りつくような孤愁に耐えてこそ、人はこれまで仮我が歩んできた道ではなく、まことのひと（親鸞の言葉であるが、臨済、白隠なら真人）となるべき道を歩み出すのであり（それを仏道という）、そこに真の邂逅（関係）ということもあり得る。ともあれ、われわれは今、六道・四生の間を独り巡っているというのが禅・浄を問わず、彼らの輪廻理解であり、空海もまた、われわれは自ら為した業（カルマ）の風に吹かれ、ここに死し、かしこに生まれ、世々生々に迷っていることを次のように言った。

此に死し、彼《かしこ》に生き、生死の獄出で難く、人と作り、鬼と作つて病苦の怨《うらみ》招き易し。悲しい哉、悲しい哉、三界の子。苦しい哉、苦しい哉、六道の客。

空海『性霊集』

空海は、われわれが三界・六道の世界を転々としながら、生死を離れることができないでいることは何とも悲しく、痛ましいことだと嘆く。しかも、そういう苦しい状況にあることとさえ気づいていないのがわれわれ人間であることは、すでに一休が指摘した通りである。それにしても、彼らがいう六道輪廻の世界をわれわれはどのようなものとして経験しているのであろうか。この問いに対して、禅の思想家永嘉玄覚（六七五―七一三）は夢のようなものとして存在していると答える。

夢裡　明明として六趣有るも
覚めて後　空空として大千無し

永嘉玄覚『証道歌』

白隠が「生もまた夢幻、死もまた夢幻」（『遠羅天釜』）と看破したように、玄覚もまた、いわゆる生は夢のようなものとして存在していると言う。夢を見ているとき、それは宛然とその人の前にある。しかし、ひとたび目を覚ませば、夢は跡形もなく消えてない。夢は確かに存在したが、覚めて後、夢はもはや存在しない。六道（六趣）輪廻についても、事情は同じなのだ。つまり、われわれが生死の夢を見ている限り輪廻はいつ終るともなく続いて行くが、その夢から覚めると、六道輪廻の世界は消え、その後には真実の世界（一法界）が現成してくる（ブッダを覚者という本当の意味はここにある）。これを悟りの体験、あるいは覚醒の体験というが、ここに至るプロセスについては第四章で詳しく扱うとして、仏教はわれわれ人間に、生死の夢から覚め、法性の都（一法界）に帰ることを教えているのだ。

夢の比喩で注意すべき点は、夢を見ている本人には、それが夢だと分からないことだ。夢と知るのは彼（彼女）が眠りから目覚めたときだけなのだ。逆に言うと、目覚めない限り夢はいつまでも続いて行く。同様に、六道に輪廻しているわれわれ人間にとっても、自分自身が世々生々に迷う迷道の衆生であると分からないまま、果てしなく生死輪廻の輪が廻り続けることがあるのだ。

また、夢には美しい夢もあれば悪夢もあるように、人（六道のひとつ）として生まれ、楽しいこと、悲しいこと、どちらも夢の如きものだということが分からないで、当然の事のように、われわれは生と死の狭間で、悲しみは遠ざけ、できる限り楽しみを取り込もうとする。それが幸せに通じるからと無意識の裡に考えているのだろう。しかし、夢から覚めれば、悪夢だけではなく、美しい夢もまた消え去るように、幸運にも、生死の夢から覚めることができたら、われわれが考える悲喜、幸不幸等いずれも消えてないだろう。幸運にも、と私が言うのは、生死の夢から覚めることは、空海が「生死の海、浩浩として沈み易く、涅槃の岸、巍巍として登り難し」と言ったように、人間にとって実に容易ならざることであるからだ。ともあれ、仏教（宗教）というものは、われわれ人間がこの世（魔魅の住居）で、如何に幸せに暮らすかなどを説いているのではない。もちろん、幸せにこしたことはないが、良寛が「一たび天堂の楽を受けて　十たび地獄の囚となる」と諌めたように、楽しみ多きことを願い、幸福を追求した結果が、十倍にも地獄の業として自分に返ってくることにもなりかねないことを銘記しておかねばならない。

あゝ夢幻にして真にあらず、寿夭にしてたもちがたし。呼吸のあいだにすなわちこれ来生なり。ひとたび人身を失いぬれば、万劫にも復せず。このとき悟らずば、仏もし衆生をいかゞしたまわん。ねがわくはふかく無常を念じて、いたずらに後悔をのこすことなかれ。

親鸞『教行信証』

何が夢幻にして真にあらずというのだろう。それはわれわれが人間として生を享けたこのいのちが夢幻のごとく仮に形を結んだもの（仮我）に過ぎないということだ。また寿夭にして保ち難いいのちであるからこそ、私はかつて、今この時、病床にあって独り死と対峙している者だけが死の床にあるのではなく、どんな人も生まれ落ちたその時から、一瞬たりとも死の床を離れたことがないと言ったのだ。それが私の誇張でないことは「呼吸のあいだにすなわちこれ来生なり」という言葉からも理解されよう。しかし、たとえそれが保ち難い仮初のいのちであっても、それを踏み台として真なるもの（一なるもの）への飛躍が可能であると説いているのが仏教に限らず宗教なのだ。というのも、ひとたびこの人身を失えば、たちまち来生（後世）であり、次に悟りの、生死出離の機会が訪れるのはいつの日であろうと注意を促しているのだ。
そして後悔とは、言うまでもなく、後で悔やんでも取り返しがつかないということだが、この場合、後とは来生、つまり死後（後世）ということである。われわれは死んで初めて、自分がこの生（いのち）を無駄に使い果たしたと知って悔いることになるが、その時ではすでに遅く、仏でさえもあなたに手を差し伸べることはできない。だから、常々無常を観じ、いのちの儚きことを忘れず、徒に後悔を残してはならないと諫めているのだ。
六道輪廻するわれわれの身体を、空海は苦しみ多き身体という意味で「六道の苦身」と呼んだが、慧海（唐代の禅家）は、われわれが死後（来世）に纏う身体という意味で、それを「後有の身」と言う（この現身も前世から見れば「後有の身」である）。そして、六道のいずれの身体を纏うかはこの世で為したわれわれ自身の行為（業）によって決定されるとも言う。

後有の身とは即ち六道に生を受くるものなり。衆生の現世に心に迷うて、好んで諸業を結ぶがために、後に即ち業に随って生を受く、故に後有と云うなり。

慧海『頓悟要門』

仏教は究極において業（行為）による因果（悪因悪果など）をも超える世界、すなわち白隠がいう「因果一如」の世界に、われわれ衆生を連れ戻すことを主眼としているが、もちろん誰もがその世界へと帰って行けるわけではない。殆どの人は、機根拙く、六道のいずれかへと流れ行くが（詳細は第五章を参照）、それを決定するのはわれわれが今生で為した身・口・意の三業に依るというので、彼は「現世に心に迷うて、好んで諸業を結ぶがため」と言ったのだ。ここには仏教が、仏道を歩み始めた者に対して（もちろん、そうでない者も同じように）、因果の法則を説くのも、われわれの未来（来世）の有り様はわれわれの現在が作り出すという極めて厳しい倫理観に立っているからだ。この世で自己保身のために、言葉巧みに言い逃れるということがあっても、決して自分自身を欺き通すことなどできないということだ。われわれの未来はわれわれの現在が形作ることを肝に銘じておくべきだろう。

3　明明たる本心

法然門下の間で、親鸞の「聖人（法然）の御信心と、善信（親鸞）が信心といささかもかわるところあるべからず、ただひとつ一なり」という発言をめぐって、信心論争が持ちあがり、彼が「聖人の御信心も、他力よりたまわらせたまう、善信が信心も他力なり。かるがゆえにひとしくしてかわるところなし」とその理由を述べたにもかかわらず、彼らはどうしても肯うことができず、結局その判断を師法然に委ねたところ、「他力の信心は、善悪の凡夫、ともに仏のかたよりたまわる信心なれば、源空（法然）が信心も、善信房（親鸞）の信心も、更にかわるべからず、ただひとつなり。わがかしこくて信ずるにあらず。信心のかわりおうておわしまさん人々は、わがまいらん浄土へはよもまいらせたまわじ。よくよくこころえらるべき事なり」と答えたと歴史は伝えている。

このやり取りから、多くの弟子たちの中で、親鸞一人が師法然の法（教え）を正当に受け継ぐ後継者のごとくに思われるかもしれないが、その意味はどういうことであろうか。確かに、法然と親鸞は、われわれがいうところの心ではなく（これは先に「妄心」と呼んだものである）、「仏のかたよりたまわる信心」というところで、彼らが同じ浄土（法性の都）への道を歩んでいることにはなろう。しかし、残る弟子たちは信心（真心）を具えていなかったのであろうか。言い換えれば、仏（阿弥陀仏）は彼ら二人のみにそれを与え、残る弟子たちには与えなかったのであろうかということだ。そんな出し惜しむ仏（如来）など私には到底考えられない。事実はそうではなく、仏は彼らにも、そしてわれわれにも等しく彼の国（浄土）に生まれるための条件（信心）を与えているはずだ。この誰もがすでに具えている本有の心を、親鸞は**無明の煩悩に汚されざる明明たる本心**と呼んだが、すると違いは、われわれがその心を開発し、目覚めるかどうかの問題、つまり**無明の煩悩**（妄心）で覆われた**明明たる本心**（真心＝信心）を自らの体験として明らかに知るかどうかの問題なのだ。

ここに、本有の心（**本心**）であるからといって、すべての人が平等に彼の国（法性の都）へ辿り着くとは限らない理由がある。われわれもその心を知るのでなければ、少なくとも法然が思い描く世界（浄土）に行き着くことはできない。なぜなら、彼は「信心のかわりおうておわしまさん人々は、わがまいらん浄土へはよもまいらせたまわじ」と、よくよく心に留めておくようにと諭しているからだ。つまり、私（法然）と心（信心）を同じくする者でなければ彼の国（涅槃の城＝法性の都）に生まれることはないということだ。言い換えれば、内に同じ**明明たる本心**を懐きながら、それを知らず、生々死々を繰り返す迷道の衆生にとどまることがあり得るのだ。仏教は愛（慈悲）の心をもって、われわれ衆生をサンサーラの迷いの世界（此の国）からニルヴァーナの悟りの世界（彼の国）へと渡そうとしているのであるが、時に、慈悲の人が非情なまでに、われわれ人間を冷厳に突き放すことがあり得ることを人は知っておかねばならない。仏教（宗教）は決して物乞いする（待ち望む）ことではなく、すべての人に条件は平等に与えられているが、その内なる可能性を拓くかどうかは、われわれ一人ひとりに委ねられているのだ。

それ真実信楽を案ずるに、信楽に一念あり、一念というはこれ信楽開発の時尅の極促をあらわし、広大難思の慶心をあらわす。

親鸞『教行信証』

ここには親鸞自身が自らの体験として、信楽（信心＝**本心**）を開発したときの様子が語られているが、「一念」とは、「信心を得るときの極まりをあらわすことばなり」（『一念多念文意』）と彼自身が注釈を加えているように、たまたまわれわれが信楽、あるいは**本心**を知る（得る）ときの瞬間（極まり）を表している。つまり、時間の裂け目である「今」という一念（瞬間）に信楽（**本心**）が開発されてくることをいう。また「広大難思の慶心」とは、そのときの歓び、感動はとても言葉では言い尽くせない、全く予想もつかない出来事であったことを示している。多くの人々が如夢如幻の生死の世界で、心（妄心）が生み出す夢を追い、その結果に一喜一憂している状況にあって、ごく稀にではあるが、この**明明たる本心**（信心＝信楽）を開発し、目覚めるということがあるのだ。おそらく、それを知った者にとって、その体験はまさに仏の恩寵（他力）というしかない、それほど幸運かつ稀有な出来事であったに違いない。

そして、「信心あらんひとは、むなしく生死にとどまることなし」（『一念多念文意』）と親鸞が言ったように、信心（**本心**）を開発する人は涅槃の悟りの世界（ニルヴァーナ）へと赴き、再び虚しく生死の迷いの世界（サンサーラ）へと戻り来ることはない（それでは大乗の精神に悖ると言う人があるかもしれないが、私は「虚しく」と言う）。それだけではなく、この信心（信楽）を開発した人を親鸞は仏（如来）と等しき人と呼んだ。

この信楽は、衆生をして無上涅槃に至らしめる心なり。この心すなわち大菩提心なり。大慈大悲心なり。この信心すなわち仏性なり。すなわち如来なり。この信心をうるを慶喜というなり。慶喜するひとは、諸仏とひとしきひとと名づく。

親鸞『唯信鈔文意』

われわれ衆生（人間）をしてサンサーラの世界（生死の大海）からニルヴァーナの世界（無上涅槃）へと乗せて渡すものは、ただ篤信の人でもなければ、苦行の聖者でも、また慈善事業に精をだす善人でもなく、自らの信楽（**本心**）を開発した人に他ならないということだ。親鸞はその心を「度衆生心」と呼んだが、文字通り、衆生を度す（渡す）、すなわちわれわれ迷道の衆生を此岸（サンサーラ）から彼岸（ニルヴァーナ）に渡す心という意味である。

この度衆生心ともうすは、すなわち衆生をして生死の大海を渡す心なり。この信楽は、衆生をして無上涅槃にいたらしむ心なり。この心すなわち大菩提心なり。大慈大悲なり。この信心すなわち仏性なり。すなわち如来なり。

親鸞『一念多念文意』

この心（信心＝信楽＝**本心**）が無始劫来、生死輪廻する世界（サンサーラ）からわれわれをして涅槃の世界（ニルヴァーナ）へと連れ戻すのだ。その他に道はないが、誰もがすでに具えている信心（**本心**）ではあっても、法然や親鸞のように、今生において信心（真心）を開発し、目覚めるとは限らない。何と言っても、われわれは自らが世々生々に迷う迷道の衆生という自覚もなければ、まして生死出ずべき道があることなど全く知らないのであるから。

しかるに流転の愚夫、輪廻の群生、信心起こることなし、真心おこることなし。

親鸞『浄土文類聚鈔』

死ねばすべての人が彼岸の世界（涅槃の世界）へと帰って行くのではない。殆どの人は、その条件ともいうべき心（信心＝真心＝**本心**）を欠いているために、今生で為した自分の行いに相応しい「後有の身」を纏って、輪廻の世界を転々とする流転の愚夫（愚婦）にとどまる。敢えて言うならば、死んでもなお、彼岸の世界（ニルヴァーナ）に辿り着くのではなく、業（カルマ）の風に追い立てられ、生々死々する此岸の世界（サンサーラ）を独り巡ることになるのだ。それは釈尊自身が「私は幾多の生涯にわたって生死の流れを無益に経巡ってきた……。あの生涯、この生涯と繰り返すのは苦しいことである」(『真理のことば』)と述懐していることからも明らかである。

さて、**明明たる本心**の意義について語るのは親鸞だけではない。例えば、空海は心を妄念と**本心**に分け、その違いを明確にしている。**本心**こそわれわれの本来の心であり、主人なのであるが、そこにさまざまな妄念、といっても、通常われわれが心と呼んでいる客人が妄りに起こるがゆえに、われわれは生死に迷う常没の凡夫になっているのだ。

一切の妄念はみな本心より生ず。本心は主、妄念は客なり。本心を菩提と名づけ、また仏心と名づく。

空海『一切経開題』

親鸞が、信心を菩提心と読み替えたように、空海もまた**本心**を悟り(菩提)の心と呼ぶ。さらに彼は踏み込んで、悟りの心なら、それは間違いなく仏心であろう。そういう心をすでにわれわれは具えているのだが、そこに生じた客塵煩悩(妄念=妄心)ゆえにそれが見えていない。親鸞的に言えば、その心は仏のかたよりたまわりたる信心(信楽=真心)であるが、われわれが客塵、すなわち妄念(心)によって**本心**を翳すがゆえに、見るものことごとくが虚妄の世界(穢土)となり、われわれはゆくりなくも生死際なき輪廻の世界を巡っているとなろうか。もちろん、空海においても生死出ずべき道、同じことであるが成仏への道はこの**本心**を知ることに他ならない。そして、**本心**を知るのでなければ、われわれは何をしようとも、またどれだけ学門を積もうとも、何の益にもならないばかりか、未来永劫に亘って世々生々に迷う迷道の衆生にとどまるであろうと、六祖慧能も言う。

本心を識らずんば、法を学ぶも益なし。もし言下に自らの本心を識り、自らの本性を見れば、即ち仏と名づく。

慧能『六祖壇経』

このように仏と衆生を分けるのは**本心**を知るかどうかということになるが、われわれ衆生は**無明の煩悩**に覆われて、**明明たる本心**を知らず、自分の周りに物（金銭）、知識（情報）、権威（名誉）……あらゆるものを掻き集めようとするが、一向に真実なるものが見えてこないばかりか、いずれはすべてを残して独り死出の旅へと赴く。しかも、殆どの人は、死はすべての終りと高を括って旅立つのだ。言うまでもなく、われわれが思うところが真実でないことはよくあることだが、あなたは「後有の身」を纏って、自分が今生で為した行為（業）に相応しい世界（六道輪廻の世界）へと独り赴くことになる。

般若を慧となす、この慧はすなわち無相の本心なり。凡夫は道に趣かず、ただ六情をのみ恣ままにして、乃ち六道に行く。・・・一切は心の真実なるに如かず。

黄檗『伝心法要』

仏教は知識や情報を掻き集め、小ざかしく、理屈っぽい人間になることではない。必要なものは無明の闇を晴らす智慧（般若の智慧）であって、それはすでに**本心**（真心）に具わっている。

われわれはその心に目覚めさえすれば、自ずと真実を見る智慧の目（慧眼）を再び回復することができるのだ。しかし、われわれはそれを知らず、ただ心（六情）の趣くまま六道輪廻の世界を巡るばかりで、一向に真実なるものが見えてこない。というのも、われわれをして永く生死輪廻の世界に繋ぎ止めている心（無明妄心＝妄想転倒の心）でもって真実を捉えることはできないからだ。真実には真実をもって臨まねばならないがゆえに、黄檗は「一切は心の真実なるに如かず」と言ったのであり、親鸞が心の真実（それを彼は信心、信楽、真心、浄心、真実心、**本心**……とさまざまに呼ぶ）を強く言う理由もここにある。

4　自力と他力

仏教に限らず宗教は回心ということを重視する。一般的には、心を改めるという〝改心〟の意味に用いられることが多いが、親鸞はその回心に独自の解釈を付している。それは「回心というは、自力の心をひるがえし、捨つるをいうなり」（『唯信鈔文意』）というものであるが、自力の心を捨てて、他力の心を用いることを回心と理解し、『歎異抄』にも、「自力の心をひるがえして、他力をたのみまつれば、真実報土の往生をとぐるなり」とある。もちろん、こういう解釈は彼独自のレトリックであって、語義的にそういう意味は存在しないであろうが、親鸞の宗教性（宗旨）、あるいは救済論の基本にある生命線であったことだけは確かだ。

このように、自力の心を翻して他力の心に基づくというのが親鸞の宗教の特徴であるから、彼は初めに**我が宗において自力を捨てて他力を取る**と自らの宗教的立場を明確にしているのである。すると、言葉の上では心に二つあることになるが、自力と他力の違いは心をどう理解するかということになるから、少し検討を加えてみよう。まず親鸞自身が「凡夫自力の心」に対して、「大悲回向の心」と言ったように、他力の心は明らかに仏（大悲）のかたより与えられた（回向された）心ということで、われわれが一般に心と呼んでいるもの、すなわち自力の心でないことは確かだ。だからといって、それは仏（如来）がわれわれ一人ひとりの所行をみそなわし、または信ずる者（恃む者）にのみ分かち与えるというようなものではなく、誰もが本来有している心、すなわち**本心**（仏心）を指している。

そこで『要文』において、二つの心がどう説明されているかを見ると、**人の貪、瞋、痴の三毒に惹かるる剛強**の心が自力の心であるのに対して、**無明の煩悩に汚されざる明明たる本心**が他力の心ということになるだろう。**無明の煩悩**とは生死の根元にある無明の心、すなわち妄心（妄想転倒の心）に他ならないが、その心（客塵煩悩）によっても決して汚されることのない**本心**（心性本浄）を知らず、うかつにも妄心に過ぎない心に誑かされて、三界生死の世界を転々としているのがわれわれ人間なのだ。分かり易く言うと、他力の心（**本心**）を自力の心（妄念）で翳《かざ》すがゆえに**本心**を知らず、世々生々に迷っているのがわれわれ人間であるということだ。そこで彼は、**人の貪、瞋、痴の三毒に惹かるる剛強の自力（の心）を捨てて、無明の煩悩に汚されざる明明たる本心に基づく**のでなければ、永劫を経るとも生死を離れ、仏と成ることはできないとしているのだ。

我、今この心の所得の浄菩提心を観ずるに、已に造作を離れたる法なり。本来宛然としてこれあり。本よりこれ我物なり。今更に求めて得べきものにあらず。

空海『秘蔵記』

空海も言うように、心には本より悟りの心（浄菩提心＝**本心**）が具わっており、われわれ人間の是非・善悪など、あらゆる計らい（造作）を離れた真理（法）として、過去、現在、未来（三世）を問わず、またわれわれが六道（人間もその一つ）のいずれの世界にあろうとも、常に携えているものなのだ。従って、その心（**本心**）はわれわれが意を決して、新たに手にするようなものではなく、その事実に目覚めるかどうかが問われてくる。親鸞的に言えば、**自力（の心）を捨てて他力（の心）を取る**かどうかということなのだ。

このように、**自力を捨てて他力を取る**というのが親鸞の教えの要であり、自力を取るならば、それは禅をはじめとする聖道門であり、他力を取るのが浄土門であると一般には考えられている。そして聖道・浄土を分けるのはこの自力（の心）か他力（の心）かということだと言ってもよい。そして「聖道門の人はみな　自力の心をむねとして」（親鸞『高僧和讃』）、悟りの境涯に赴こうとしているが、末法の世にそんなことはあり得ないと浄土門の人々は考えているのだ。

自力というは、わが身をたのみ、わが心をたのむ、わがちからをはげみ、わがさまざまの善根をたのむ人なり。

親鸞『一念多念文意』

自力とは何よりも「我が身と我が心」を恃んで、悟りの世界に至ろうとする人のことだと親鸞自身も言う。しかも、その結果は明らかで、「自力の菩提（悟り）かなわねば　久遠劫より流転せり」（『高僧和讃』）と彼は聖道門の人々に対してなかなか厳しい。自分の身と心を恃んで、悟り（菩提）を得ようとしても、末法の世にそれは叶わぬことであるから、われわれ凡夫はもとより、修行に励む聖道門の人々も生死流転を重ねてきたという訳だ。しかし、われわれは目的は何であれ、自らの身と心でもって目標に立ち向かい、最善を尽くしてこそ良い結果も得られるはずと一般には考える。ならば、悟り、同じことであるが、生死を離れ、仏と成る（道元の言葉）という宗教的な目標においても、自ら善行を積み、力を尽くし、修行に励んでこそと考える方がむしろ自然のように思える。それなのに、自力（聖道門）はだめで、他力（浄土門）でなければならないのは何故であろうか。

そこで、「我が身と我が心」を恃む自力がなぜ無効であるかを、ただ聖道・浄土の二門で片づけるのではなく、その真意をもう少し深く探ってみよう。まず、われわれの身心は空海が「五蘊の仮我」と言ったように、色・受・想・行・識の五蘊からなる仮の私（仮我）に過ぎない。さらに身体（色蘊）も地・水・火・風の四大からなる仮和合であり、そこに私と呼べるものなど本当は何も存在しない。

元来この身は地水火風の仮物にして、我というべき物なし。しかるを錯って仮のこの身を我と思うなり。

正三『反古集』

われわれは自分の身体を指して私ということがある。彼（彼女）は逝ってしまったというのも、その意味で用いられている。しかし禅の思想家鈴木正三（一五七九―一六五五）は、それは誤った思い込みに過ぎず、そこに私と呼ぶべきものなど存在しないと言う。次に心はどうだろう。心もまた感情、思考、意志、意識（受・想・行・識）など、絶えず脈絡もなく、湧き起こっては消える想念（妄念）の流れに過ぎない。しかし、私の気持ち、私の考え、私の立場……などと言うと、いかにも私が存在しているかのように思うが、四大・五蘊からなる身心を体した私が実際に存在しているのではないのだ。

このように、毎日の生活の中で、私の身体、私の考えなどと無意識に繰り返していると、いつしか身心を司る私がこれらの背後に存在しているかのように思ってしまう。ここから私（我）への執着が生まれ（我執）、また自己と他者という区別が始まる。しかし、身心が「五蘊の仮我」であるとは、そういうわれわれが考えるような私など存在しないという意味であり、われわれが自分と見なしている身体の中にも、また心の中にも私と呼ぶに価する私など何処を探しても存在しないのだ。仏教の根本思想のひとつである無自己、あるいは無我（anatta）とは、実際にはありもしない私に囚われていく妄信（それを「我見」とも言う）を糺そうとして説かれた釈尊の慧眼であったのだ。ありもしない私に囚われていくところに、ありもしない生々死々は果てしなく続いて行くという訳だ。

四大を身となす。四大に我無く、また主無し。故に知る、この身に我無く、また主も無きことを。五蘊を心となす。五蘊に我無く、また主無し。故に知る、この心に我無く、また主も無きことを。……ただ本心のみ有りて、蕩然として清浄なり。

黄檗『伝心法要』

黄檗の五蘊理解は正三と少し異なるが、さしたるものではない。ともあれ、われわれの身と心に私と呼べる主人がいないとすると、「我が身と我が心」を恃んで、つまり自力でもってわれわれが何になろうとも、われわれが自分と呼ぶもの（仮我）が存在するだけであって、仏に成ることなどあり得ないだろう。この世に在って、あなたはさまざまな職業人であり、夫（妻）になり、父（母）となり、またいずれはこの世でなした行為に相応しい「後有の身」を享け、六道の世界を転々とすることになる。そして、あなたが何処に赴こうと、また何になろうとも、それもまた仮我であるとも知らず、あなたは独り六道輪廻の世界を往来する迷道の衆生であり続ける。自らの力を恃んで、いかにもがき、努力しても、仮我であるあなたが仏に成ることなど絶対にあり得ないし、せいぜい形を変えながら「六道の苦身」に逼迫することになる。そして、自力の心（妄心）こそわれわれをいつまでも人・天・地獄をはじめとする六道輪廻に繋ぎ止める根本原因となっていることをわれわれは知らない。

一切の諸法は皆な心に由って造られ、乃至、人天地獄、六道修羅も尽く心に由って造らるることを。

黄檗『宛陵録』

このように自力とは我もなく、主もなき身心を恃んで仏になろうとすることだが、その自分が仮我であるから、はじめから不可能なことをしているのだ。そんな私が喜んだり、悲しんだりしながら、帰るべきところも分からないまま、多くの人々は寿夭にして保ちがたい人生を駆け抜ける。しかし、黄檗は身心のいずれにも主人はないが、「ただ本心のみ有りて、蕩然として清浄なり」と言う。すでに述べたように、**本心**を知ることが仏と成ることであり、それがわれわれの真の自己（主人）ということになろう（「仏こそ命と身とのぬしなれやわがわれならぬこころふるまい」一遍『播州法語集』）。身心には主人はないが、**本心**こそ私の「私」といえるものなのだ。われわれが誤って自分と見なしている自己を仮我と呼ぶのにに対して、真の自己を真我と呼ぶことにしよう。今のところ仮我が主人公でもあるかのように振る舞い、真我が分からないために、徒に生まれ、徒に死を繰り返しながら、三界・六道の世界を巡っているのがわれわれ人間なのだ。

真実の我とは、これ如来性（仏性）なり。当に知るべし、一切衆生に悉く有り。ただ、かの衆生は、無量の煩悩に覆蔽せられて現れず……如来（仏）は誘進して衆生を化するが故に、初めは衆生のために、一切法の無我の行を修するを説く。無我を修する時に我見を滅除す。我見を滅し已って、泥洹（涅槃）に入る。世俗の我を除くが故に、非我方便の密教を説く。しかる後に為に如来の性を説く。これを世を離る真実の我と名づく。

『大般泥恒経』

真我と仮我を、この経典は真実の我と世俗の我という。真実の我とはわれわれの本性である仏性（如来性）を指している。それに対して、世俗の我という言葉の中に、われわれが真実の我（真我）を知らないで、誤って、我もなく、主もなき仮我を私と呼んでいるに過ぎないという含みを見て取ることができよう。そこで仏（如来）は、生死に迷うわれわれ衆生を救わんがために、初め、無我の行を修することを説かれた。つまり、在りもしない世俗の我（仮我）への執着（我見）を離れ、真実の我（真我）を知ることができたら、その時、生死際なき世間（サンサーラ）を離れ、涅槃の世界（ニルヴァーナ）に入るであろうということだ。

生死と涅槃、迷いと悟りを分けるのは真我（真実の我）を知るかどうかによるが、その実、**本心**（仏心）を知ってわれわれは真我（仏）を知ることになるので、親鸞は**人の貪、瞋、痴の三毒に惹かるる剛強の自力（の心）を捨てて、無明の煩悩に汚されざる明明たる本心に基づく**のでなければならないとしたのである。約まるところ、自力と他力に分かれてくるのは、いわゆる心と**本心**のいずれを用いるかということだ。それはすでに説明したように、われわれの心に二相、すなわち妄心と真心（『起信論』）、妄念と**本心**（空海）、心と心性（親鸞、ロンチェンパ）の二種類があるからということになるが、妄心（妄念）といっても、われわれが普通に心と呼んでいるものであり、その心に基づいて善行・修行を重ねようとも、その心が迷い（無明妄心）であるから、生死の世界を離れ、涅槃の世界に至ることは必ず不可と説いたのが浄土（門）であったのだ。

しかし、それならば禅もきっぱりと否定する。慧海は「心をもって修行するは、たとえば滑泥にて垢を洗うが如き」愚かな振る舞いと注意を促している。汚れを落とすために、汚れた雑巾を使うようなものであり、それが徒労に終ることは誰の目にも明らかであるが、さて、心でもって仏に成ろうとしても必ず不可であると気づいている人は果たしてどれだけいるであろうか、多くはないはずだ。さらに臨済に至っては親鸞よりも口調はもっと激しい。

もし作業して仏を求めんと欲すれば、仏は是れ生死の大兆なり。……たとい修し得る者有るも、皆な是れ生死の業なり。仏を求め法を求むるは、即ち是れ造地獄の業。

『臨済録』

「作業して仏を求める」とは自らの身心を恃み、「自力の修善」（親鸞『正像末和讃』）によって仏果に至る、すなわち生死を超えた悟りの境涯に至ることは金輪際あり得ないどころか、それこそ生死輪廻の根元にあるものだと彼は言う。しかし、さらに彼が仏を求め、法（仏法）を求めることは「造地獄の業」とまで言うのは何故であろうか。菩提心（悟りを得んと強く心に定めること）を否定するかのようにもとれるこの言葉の真意は深く理解されなければならない。

人の貪、瞋、痴の三毒のはじめに貪り（欲望）がある。そして、仏教が物（金銭）や名誉などに囚われてはならないと教えていることはよく知られている。その一方で、世間（サンサーラ）を離れ、出世間（真諦＝ニルヴァーナ）に至るためには、何はさておき、仏法を熱心に求めなければならないと強く諭す。しかし、求める心（例えば、浄土教の欲生心＝浄土に生まれんと欲する心など）において、世間も出世間も同じなのだ。仏と成るために、あるいは悟りを得るために、この心でもってどれだけ修行に励み、その功徳を回向して成仏（浄土往生）しようとしても、それは必ず不可であるばかりか、かえって生死に迷う業（造地獄の業）となる。臨済もまた、親鸞が徹底して「はからいの心を捨てる」ことを説いたように、われわれが仏法を求める心さえも、その本質は妄想転倒の心（妄心）であるがゆえに、悟りの、成仏の障りになると見ているのだ。

それならば、すべては仏の方よりなしたもうことなのかというと、そうではない。釈尊が「私は世間におけるいかなる疑惑者も解脱させ得ないであろう。ただあなたが最上の真理を知るならば、それによってあなたはこの煩悩の激流を渡るであろう」（『スッタニパータ』）と言ったように、もし生死を離れ、仏と成ることがすべて仏（如来）の加威力（他力）によるならば、われわれ人間は一人残らず、すでに成仏（解脱）しているはずだ。しかし、実際はその逆で、今に至るまで世々生々に迷う迷道の衆生にとどまっていることは、禅・浄いずれも認めるところである。

もし仏にして能く衆生を度するならば、過去の諸仏は微塵の如き数なれば、一切の衆生はすべてまさに度し尽くさるべし。何が故に我等は今に至るまで生死に流浪して、成仏することを得ざるや。当に知るべし、衆生は自ら度するものにして、仏は度すること能わざることを。努力よや。努力よや。自ら修してかの仏力に倚よること莫れ。経に云わく、夫れ法を求むる者は仏に著いて求めずと。

慧海『頓悟要門』

慧海は「衆生は自ら度するものにして、仏は度すること能わざる」と言い切る。ところが、こう言うと、それこそ自力ではないかと直ちに反論する者がいよう。しかし、現在のわれわれは**本心**（真心）を知らず、妄心（妄念）を生きている。自力とは、この妄心（われわれが心と呼び、良くも悪くも多くの問題を作り出しているもの）でもって、彼の国（涅槃の世界）に生まれんと功徳を積み、坐禅や念仏をしている者のことだ。これは親鸞が「自力作善の人」と呼んで、徹底的に貶めたものであり、この心（妄心）に基づいて自ら度す、つまり生死の世界（サンサーラ）から涅槃の世界（ニルヴァーナ）に渡ることはあり得ない。一方、他力とは「心性は本より浄い」と言われ、すでに予定されたわれわれの内なる**本心**（真心）を用いることであるが、その**本心**を翳しているのはあなたの**貪・瞋・痴の三毒**からなる**無明の煩悩**、すなわち妄心であり、そんなものを一体誰が除くというのか。もしそれさえも仏（他力）というなら、慧海が言うように、われわれ衆生は遠の昔に一人残らず成仏しているはずだ。

慧能もまた「衆生は心を識って自ら度す、仏は衆生を度すること能わず」と言ったが、この場合、心とは**本心**（心性）を指している。そして、自らの心（**本心**）、あるいは自らの本性（自性=仏性）を覚ってサンサーラからニルヴァーナの岸に渡る（度す）ことを彼は「自性自度」という。しかし、これはわれわれが自らの意志と努力によって仏に成るということでは決してない。というのも、自らの意志と努力によって仏に成ろうとしているのは、実は妄心であり、そこからは妄境界（三界生死の世界）しか現れてこないのだ。そんな心でもって仏に成ろうとするのは瓦を磨いて鏡を作るようなもので、全く不可能なことをしようとしているのだ。

信心よろこぶそのひとを
如来とひとしとときたまう
大信心は仏性なり
仏性すなわち如来なり

親鸞『浄土和讃』

自力とは『起信論』が妄心（妄念）と呼んだものであり、われわれが日夜良くも悪くも思い煩っている心である。この妄心が**明明たる本心**（真心、信心、信楽、心性、仏性、本性、聖心、その他何と呼んでもいいが）を翳すがゆえに、われわれはそれを知らず、迷いに迷いを重ねる常没の凡夫となっているのだ。もし、その妄心を除き**本心**を知るならば、親鸞の言葉で言えば、**自力（の心）を捨てて他力（の心）を取る**ならば、悟りを得て、もはや再び生死に迷うことはないであろうということだ。慧海が「努力よや。努力よや。自ら修してかの仏力に倚ること莫れ」と言ったのは、この妄心（自力の心）を除くのはあなたをおいて他に誰もいないからだ。たとえ仏（如来）といえども、あなたの無明の妄心を取り除くことはできない。それはあなたの努力次第ということなのだ。凡夫の自覚と他力（本願力）をセットにするのはいいが、その後はただ仏力を恃むというのでは、とても「浄土真実を顕す」には至らないであろう。というのも、凡夫とは心（妄心）に惑って生々死々を繰り返しているわれわれ自身のことであるが、その心の本性（心性＝**本心**）を知れば生死を離れ、仏とも成るというのが救済の基本原理であるからだ。

> 五蘊の中に衆生をやまする病なし。四大の中に衆生をなやます煩悩なし。但し、本性の一念にそむきて、五欲を家とし、三毒を食として三悪道の苦患をうくること、自業自得の道理なり。しかあれば、自ら一念発起せずよりほかには、三世諸仏の慈悲も済うことあたわざるものなり。
>
> 『一遍聖絵』

一遍は、われわれ衆生が**貪、瞋、痴の三毒**に惹かれ、三悪道（畜生・餓鬼・地獄）の苦患を受けることになったのは、われわれが自らの本性（自性＝仏性）、あるいは**本心**（真心＝心性）に背いた結果であって、誰がそれを強いたわけでもない、まさに自業自得なのだと言い切る。そうであるからこそ、一念発起し、もう一度、自らの本性（**本心**）の世界へと帰ろうとしない限り、たとえ仏であっても如何ともし難いと言う。しかしそのことは、あなたの努力（自力の心）でもって功徳を積み、修行を重ねることでもなければ、**本心**（本性）を新たに獲得するということでもなく、まさに**貪、瞋、痴の三毒に惹かるる剛強の自力（の心）を捨てて、無明の煩悩に汚されざる明明たる本心に基づき**さえすればいいということだ。すでにわれわれが有している、この自家薬籠中の**本心**を馬祖道一（七〇九―七八八）は「自家の本心」と呼んだが、**本心**、同じことであるが、自らの本性（自家の本性＝自性）を覚りさえすればわれわれは二度と生死に迷うことはない。

迷は即ち自家の本心に迷い、悟は即ち自家の本性を悟る。一たび悟らば永えに悟り、また更に迷わず。

『馬祖の語録』

以上の理解を踏まえて、『要文』を見ると、その言わんとするところが無理なく理解されよう。**仮に教ゆる所の方便**とは、浄土に生まれるために念仏を方便、すなわち手段とするということであるが、それはあくまで方便であり、**称名念仏のみを所作**とするばかりで、**心を行願に用ひず**、つまり心を本より智慧・徳相を具えている**明明たる本心**に掛けるのでなければ、念仏は単なる自力の口称念仏になってしまう。言い換えれば、仮我に過ぎない自らの身心（自力）を恃んで、称名念仏をするばかりで、**本心**（他力）を知らないとしたら、**永劫を経るとも仏果に至ることは難しい**。親鸞が自力の称念（称名念仏）を嫌うのも、自力とはその本質が妄念に過ぎない心（妄想転倒の心）を恃んで、生死を超えることなどあり得ないし、悟りなど金輪際あり得ないということだ。というのも、他ならぬこの心（妄心）が、永くわれわれを生死輪廻の軛に繋ぎ止める元凶となっているからである。このように、他力とは**無明の煩悩に汚されざる明明たる本心に基づく**ことであり、自力とは**人の貪、瞋、痴の三毒に惹かるる剛強の自力**の心（無明の妄心）に基づいて仏になろうとすることであるが、そんなことは禅・浄いずれの道を辿ろうともあり得ないということだ。

5 仏は遠きにあらず

最後に、仏と心の関係はどうなっているか、馬祖の言葉の中に両者の関係が簡潔、かつ明瞭に纏められているので、それを基に進めよう。

さらにこの心を離れて別に仏あらず。この心は、本より有り今も有りて、造作を仮らず。本より浄く今も浄くして、瑩拭を待たず。……是れ汝が心性は、本自《もと》より是れ仏にして、別に仏を求むるを用いず。

『馬祖の語録』

心の他に仏はなく、その心（**本心**＝心性）は本来清浄（心性本浄）なるものとして、かつて在り、今も在り、われわれがこれから心を磨いて仏に成るというのでもない（造作を仮らず）。すると、仏と生死に迷うわれわれ衆生の間にどれほどの違いがあるのだろう。それを心という視点に立って見るならば、真心と妄心、**本心**と妄念、心性と心（言い換えたまでで、内容は同じ）の相違ということになるが、比喩的に言えば、大海と水波の違いということになろうか。波は海を離れて存在しないが、海もまた何がしかのものを波に投影していることは確かだ。例えば、波も海もその本質（本性）は水であるということにおいて同じであるように、海が仏、生じては消える波が衆生、そして仏と衆生いずれも、その本性（仏性）は同じなのだ。

ところが、われわれが**本心**を知らず、心と言えば、思考、感情、意思……など、良くも悪くもどこからともなく妄りに湧き起こっては消える想念（妄念）を自分の心と見なしているとすれば、それは丁度、波ばかりに気を取られ、その源に満々と水を湛える広大な海が見えていないようなものだ。われわれはよくよく目を凝らして、妄りに起こる心の本質を見届けなければ、仏を捉えることはおろか、ただ生じては消える波に浮かぶ小船のように、決して落ち着くということはないであろう。

しかし、海を離れて波が存在しないように、生死の波に翻弄されるわれわれもまた、仏を離れて存在しないのだ（「仏は今、何にか在る。明かに知んぬ、我が生死と別ならざることを」『臨済録』）。このように、仏はわれわれの近くにありながら、どうしても仏を捉えることができないのは、われわれが自らの心の本性（心性＝**本心**）を見て取ることができず、それ以外のどこかに仏を探し求めているからに他ならない。その過ちを糺すために、馬祖は「汝が心性は、本自より是れ仏にして、別に仏を求むるを用いず」と言ったのだ。

われわれの心の本性（心性）、あるいは**本心**（信楽）が仏であるならば、仏を求めて何処に赴くこともない。たとえ現在、その心が**無明の煩悩**（無明の妄心）に覆われていようとも、尋ぬべきは、あるいは糺すべきはわれわれ自身の心であるはずだ。ところが、空海は、

近くして見難きは我が心、細にして空に遍きは我が仏なり。我が仏、思議し難し。我が心広にしてまた大なり。

空海『秘蔵宝鑰』

と言う。彼もまた、自らの心（**本心**）が仏に他ならないことを知っていたが（先に彼が「本心を菩提と名づけ、また仏心と名づく」と言ったことを思い出してほしい）、われわれにとって捉え難いのは仏ではなく、実は自らの心を明らかに知ること、つまり心の本性（心性＝**本心**）を見て取ることが難しいのだ。さらに黄檗は、われわれが仏道（仏となる道）を歩む場合に陥りやすい過ちを指摘し、次のように言う。

仏を使って仏を求め、心をもって心を捉える。劫を窮め形を尽くすも、終に得ることあたわず。

黄檗『伝心法要』

ここに心とあるのはもちろん**本心**のことであり、それを彼は「本心仏」と呼んだが、**本心**とは、すでに説明したように、誰もがすでに具えている本有の心ということであり、その心が仏に他ならないという意味である。すると、黄檗が言おうとしたことは、あなた自身が仏であるのに、仏を探し始めたら、あるいは、あなたの心が仏であるにもかかわらず、心でもって仏を捉えようとし始めたら、自分の尻尾を摑もうとしてぐるぐる廻り始めた犬のように、疲労困憊するばかりで、ついに仏を捉えることなどできないであろうという、極めて微妙、かつ人間の本質を突いた指摘なのだ。このように、心と仏の関係を辿ってくると、当然のことながら、仏と人間の関係も同じように見えてくる。

仏は人に遠からず、しかも人は仏に遠し。仏はこれ心作なり。迷える人は文字の中に向って求め、悟れる人は心に向って覚す。

慧海『頓悟要門』

人・仏の関係と求道（成仏）の問題をこれほど見事に言い当てたものも、そう多くはないと思うが、親鸞が**必ず仏は遠きにあらず**と言ったように、慧海もまた、仏はわれわれから遠く離れた所にあるのではなく、遠く離れてさ迷っているのはわれわれ人間の方であると見ているのだ。むしろ尋ぬべきは、心の内側（**本心**）であるにもかかわらず、われわれはいつも外側に仏を探し求めているために（もっとも、内であれ、外であれ、今日そんなものを求めている人が果たしているのかどうか、私は知らないが）、ますます仏から遠退くことになる。そして、自らの心（**本心**）を開発し、その心を知って仏と成ることを彼は「仏はこれ心作なり」と言ったが、仏を求めることすら、外見には立派な求道者と映るが、仏から逃走していると気づいている人は多くはないであろう。というのも、何であれ、それが仏であっても、探すとはわれわれにとって常に外側を意味し、探せば探すほど、迷路に迷い込んで、いよいよ疲労困憊し、終に仏を見出すことはできないであろう。それは丁度、家の中に忘れてきたものを外へ探しに出掛けるようなものであるからだ。ただ、われわれが疲れ果てるところまで至らないのは、マネー・ゲームに、権力闘争にと多大のエネルギーを注ぐことはあっても、そこまで熱心に仏を求める人は多くないからだ。

仏とてほかにもとむるこころこそ
まよひの中のまよひなりける

この道歌は、一休宗純が仏とは何かを求めて、多くの禅師を訪ねあぐねた末に、結局は自分自身に返り、自らの心の内奥に仏を見出した、彼の体験が言わせたものであろう。確かに彼は、仏（悟りと言い換えてもよい）を求めて外へと出掛けていった。われわれもまた、求める対象は違っても（われわれは彼のように仏も悟りも求めていないから）、多くのものを求めて外へと駆けずるが、この構図の中に奇妙な人間の振る舞いが見えてくる。というのも、自らの心（**本心**）が欠けることのない仏であるとも知らず、さらなる刺激と満足を求めてゆく姿は、まるで乞食のようでもあるからだ。そして、本来仏であるあなたが、そうと気づくこともなく、死ぬまで物乞いして、足ることを知らないとしたら、それは憐れであるばかりか、滑稽でさえある（『法華経』にある「長者窮児」の比喩の意味はここにある）。このように、仏が物乞いしている姿こそ、われわれ人間の偽らざる姿なのだ。それは知的欲求についてもいえる。

私は学問を貶めるものではないが（実際、多くの恩恵を蒙っているので）、仏とは心の問題（「仏はこれ心作なり」）であるにもかかわらず、ただ言葉を操り、議論をしているだけでは、学者となり得ても、仏教（仏と成る教え）にはなり得ない。というのも、言葉（文字）の上で理解することはあっても、心において覚るのでなければ、それはもはや仏教ではなく、仏教学という学問体系の一つになってしまう。もちろん、それを志すことで、生計が成り立つならば、それはまことに喜ばしいことではあるが、それと仏に成ることとは全く異なるアプローチであるだけではなく、慧海が言うように、「迷える人」と「悟れる人」の違いを生むことにもなるからだ。

従って、われわれもいつか、どこかで言葉（学問）を離れ、親鸞が**還って我が心に立ち進むべきこと**と言ったように、自らの心に立ち返り、心と取り組むのでなければ、知識の多少に違いはあっても、同じ世々生々に迷う迷道の衆生にとどまることになる。言うまでもなく、親鸞が**我が心**と言うとき、それはいわゆる心（妄心＝妄想転倒の心）ではなく、その本源にある**明明たる本心**を指している。そして、われわれもまた何時の日か、心に立ち返り、**本心**を知るのでなければ、**永劫を経るとも仏果に至る**ことはない。

それなら心を研究対象としている心理学は仏を探し求めているのだろうか。とんでもないと彼らは言うであろうが、私も言う。なぜなら、もとより彼らの方法論でもって、仏（悟り）に至ることもなければ、彼らの心の理解は極めて限られた心の領域に留まっており、手短に言えば、彼らが調査研究している心は**本心**ではなく、生死輪廻の根元にある心（無明の妄心）であるからだ。もちろん、この心には病むということがあり、身体の場合と同様、専門家が必要になってくる。しかし、先に身心は「五蘊の仮我」であるとしたのであるから、どちらも仮我の治療に当たっているに過ぎない。もちろん、彼らにそうという自覚もなければ、まして仮我と真我の関係について知るはずもない。包み隠さず言えば、彼らのように、仮我（身心）を診ているだけでは、真我に至るという人間の根本的な治療（宗教の存在意義はここにある）にはならないということだ。

というのも、身心の健康を回復したとしても（それはそれで喜ばしいことであるが）、その人は依然として生死に迷う迷道の衆生であり、「迷える人」が「悟れる人」となる処方箋はそれと全く別なのだ。一方、真我の基本にある**本心**は病むということがない。というよりも、**本心**は健康・不健康という二元性の彼方にあるのだ。

我が心に立ち進むべきことを説いたのは仏教の思想家ばかりではない。キリスト教最大の思想家であるアウグスチヌス（三五四―四三〇）もまた、後世最もよく読まれた自伝的著作の中で、次のように言う。

神はいずこにましますか、真理はいずこで味わわれうるか。心の最も奥深いところにおいてだ。しかるに心は、そこからさまよい出てしまった。道を踏みはずしたものたちよ、心に立ち帰れ。

アウグスチヌス『告白』

彼もまた、道を踏みはずし、神（真理）からさ迷い出たいわゆる心（妄心）を再び収めて、心の最も奥深いところ、すなわち心の本源に神（真理）を求め、そこに辿りついて初めて人間は真の安寧を得ると見ているのだ。しかし、われわれはいつもそこからさ迷い出て、あれもこれも手に入れようとする。それこそ神をも探し求めるが、求めているあなた自身の心の内奥こそ神が隠れ住まう所であるから、彼もまた「心に立ち帰れ」と勧めているのだ。

親鸞の**必ず仏は遠きにあらず、還って我が心に立ち進むべきこと**という箴言は、今後われわれが宗教、広くは人間というものを根本的に問い直す場合の確かな指標となるであろう。また、一人ひとりがその道を辿ることによって、ただ言葉や観念にとどまらず、自らの体験として、人間の未知の可能性を拓くだけではなく、人間と世界にとって根本的な変革を齎すことにもなろう。

第二章

一向一心の宗旨なりとて、他宗に耳をふたげ、我が宗に偏頗《へんぱ》すること誠に愚痴の至りなり。此《かく》の如く修行するものは、心狭く人にも疎《うと》まれ、法にも背くことなり。一向一心といふは、生死善悪を離れ、神通加持にも心をよせず、自他差別なき一心といふことなり。花を花と見、月を月と見る。只そのままの心、即心仏性なり。この外何事かあらん。悪しく心得て、深きに陥ることあさましき次第なり。

1　一心の宗教

無始劫来われわれを永く生死輪廻の世界に縛るものは、良くも悪くも私たちが心と呼んでいるもの（妄心）であることをまず理解しておかねばならない。しかし、心には妄りに起こる妄心だけではなく、その本源に**本心**があることをわれわれは不幸にして教えられてこなかった。言葉は悪いが、心理学のように心を弄び、ただ心を研究対象としているだけでは、到底仏教（宗教）が説く世界には一歩も近づけないだろう。というのも、他ならぬこの心がわれわれの目から真実を覆い隠しているからだ。そして、あまりにも人間的な妄りがわしい心（妄心）に楽しみ多きことのみを求め、**本心**を知らないとしたら、人間にとって、これほどの錯誤と迷妄はないと鈴木正三は言う。

　永く三悪道に引いて入り、世々生々我を責むるものは、すなわち是れ吾心なり……人の心は愚かなるものにして、みだりに物に移り、物に恐れ、物に誑《たぶら》かさることを。かくの如くの妄心を楽しみて、本来の本心を失うこと、大いなる錯《あやま》りなり。

正三『反古集』

いつの時代も大人から子供に至るまで物（金銭）に囚われ、物に狂い、心の教育を声高に叫ぶ識者も心の本性（心性）、あるいは心の真実（真心＝**本心**）を知らないだろう。心の事実を解明することと**本心**を明らかに知ることとは全く異なる心のアプローチなのだ。結論を先取りすれば、宗教とは妄心から真心を、妄念から**本心**を、心から心の本性（心性）を明らかに知ることなのだ（詳しい説明は第四章参照）。この**本心**（真心＝心性）を親鸞は**一心**とも呼び、自らの宗教を**一向一心の宗旨**と呼んだが、**一心**の宗教（宗旨）は彼独自の宗教なのかというと、そうではない。われわれはややもすると自らの信奉する宗教を言挙げするあまり、殆ど理解する努力も払わないまま、軽々しく他宗を貶める傾向にあるが、親鸞も**一向一心の宗旨なりとて、他宗に耳をふたげ、我が宗に偏頗すること誠に愚痴の至りなり**と諫めたように、いまだ、自分が信ずる宗教が唯一のものと考えている限り、それは宗教の世界にとどまらず、最も凄惨な政争の具ともなろう（事実そうなってきた）。それなら、かつて世界を二分していた偏狭、固陋のイデオロギーと何ら変わるところはない。

宗教は、特定の宗教を信じているかどうかという問いが、愚かに思えるほど宗教的になるとき、否、宗教という言葉さえ誤解を招き、躓きの石ともなりかねないところまで達して初めて真理（法）に適うのだ。言い換えれば、真理は特定の宗教の独占物ではなく、真の宗教は真理表現の形式とそれに至る道（方法）を異にしているだけで、真理はわれわれの心の本源（**本心**）にすでに具わっているものなのだ。それを釈尊は「真理は一つであって、第二のものは存在しない。その真理を知った人は、争うことがない」（『スッタニパータ』）と言ったが、親鸞もまた、他の宗教に耳を貸すことなく、排他的独善に陥ることを誡め、**此の如く修行するものは、心狭く人にも疎まれ、法（真理）にも背くことなり**と注意を促している。そんな時代が来るとも思えないが、宗教という言葉がこの地上から消えてなお、人々が真理を体して生きる時、争いはなくなり、人類は真の平和と安寧を得ることになるのかもしれない。

さて、**一向一心の宗旨**とは、悟りと迷い、真実と虚妄、ニルヴァーナ（彼岸）とサンサーラ（此岸）、これらはひとえに**一心**を明らかに知るかどうかに依るのであり、何はさておき**一心**を宗（むね）とする教え（宗教）という意味である。その心を親鸞は**自他差別なき一心**とも言うが、すべての人が本来平等に具えている心という意味である。言うまでもなく、これは先に**明明たる**

本心（第一章）と言われたものであり、決してわれわれが日夜思い煩い、喜怒哀楽を見せながら、**貪、瞋、痴の三毒に惹かるる剛強の自力**の心ではない。

いわゆる心（妄心）には自他の差別があり、思慮深く、心やさしい温厚な善人もいれば、人に疎まれ、気性の激しい人もいるであろうし、趣味や嗜好もやはり異なる。しかし、どうあれ人は、良くも悪くも、物、人（異性）、地位、名誉に囚われ、心に楽しむことがあっても、その本性（**本心**＝**一心**）を知らないために、かえって心に誑かされ、六道・四生を巡る迷道の衆生となっているのだ。一方、**一心**はわれわれが自他ともに有している**本心**というにとどまらず、もっと本質的、かつ重要な意味を含んでいる。それをいうために、まずは時代を釈尊にまで遡ってみよう。

ある時、法を説いていた釈尊は一本の花を採り、弟子たちに見せ、しばらく黙していたが、迦葉がその意趣を理解し、微笑んだのを見て、釈尊は自らが覚った法（真理）を数いる弟子たちの中でも彼一人に付与したと歴史は伝えている。この故事を「拈華微笑」というが、その時、迦葉が理解したもの、言い換えれば、四五年に及ぶ教化活動の中で、釈尊が弟子たちに伝えようとした法（真理）とは一体何であったのか。これを明らかにすることは極めて大切である。というのも、釈尊から弟子へ、その後、法は脈々と受け継がれていくことになるからだ。その法を一義的に決することには注意を要するが、その一つは今われわれが問題にしている**一心**とすることもできよう。

十方の諸仏世に出でて、ただ共に一心の法を説く。ゆえに仏はひそかに摩訶迦葉に付与す。

この一心の法体の、虚空を尽くし、法界にあまねきを、名づけて諸仏と為す。

黄檗『宛陵録』

仏は釈尊一人ではなく、かつて世に出興した多くの仏たちは何を覚って仏に成ったのかというと、それはわれわれの誰もが本来有している**一心（本心）**であり、その彼らが生死の苦海に淪むわれわれ衆生に説いたのも当然のことながら**一心**の法であったと黄檗は理解しているのだ。**一向一心の宗旨**は、親鸞自身がよく自覚していたように、まさに一宗一派の独占物ではなく、**一心（本心）**こそ、釈尊はもとより、この世に現れたすべての仏たちが生まれる根源的マトリックスであったのだ。もちろんそれは、われわれ衆生が仏と成る基盤（gzhi）でもあるのだ。次に真言密教の空海を例に、**一心**の意味を確認しておこう。

奇哉の奇、絶中の絶なるは、それただ自心の仏か。自心に迷ふが故に六道の波、鼓動し、心源を悟るが故に、一大の水、澄静なり。澄静の水、影、万像を落し、一心の仏、諸法を鑒知《かんち》す。衆生、この理に迷つて、輪転、絶ゆること能《あた》はず。

空海『秘蔵宝鑰』

空海は長い修行と苦悶の末、明らかに自分の心（自心）を知ってみると、それが仏に他ならなかったという感動を「奇哉の奇、絶中の絶」と最大級の驚きをもって表しているのだ。それを彼は「自心の仏」と呼んだが、その驚きは親鸞が信楽（**本心＝一心**）を開発したときの驚愕を「広大難思の慶心」と告白したことにも通じるであろう。そして、親鸞においても、信楽の開発は六道・四生の世界を超えて、われわれを涅槃の岸へと渡す大いなる悟りの心（大菩提心）であるとともに、また仏（如来）でもあった（「この信楽は、衆生をして無上涅槃にいたらしむ心なり。この心すなわち大菩提心なり。大慈大悲なり。この信心すなわち仏性なり。すなわち如来なり」『一念多念文意』）。

さらに空海は「自心の仏」を「一心の仏」と言い換えるが、もちろん自心（自分の心）といっても、いわゆる心ではなく、「心源を悟るが故に、一大の水、澄静なり」とあるように、心の本源（心源＝**本心**＝**一心**）、あるいは心の本性（心性）が仏であるということだ。それを覚るとき衆禍の波は収まり、三界生死の世界を離れることができるにもかかわらず、私たちは「自心の仏」、あるいは「一心の仏」を知らないがゆえに六道輪廻の世界を転々としているというのが空海の心の理解なのだ。これは彼が先に、心を**本心**と妄念に分け、**本心**を悟りの心（仏心）としたことを考慮すれば無理なく理解されよう（「一切の妄念はみな本心より生ず。本心は主、妄念は客なり。本心を菩提と名づけ、また仏心と名づく」『一切経開題』）。

このような心の理解に基づいて、空海はつとに知られた『般若心経』のマントラ（掲帝　掲帝　般羅掲帝　般羅僧掲帝　菩提僧莎訶）に彼独自の解釈を付している。マントラである限り、翻訳（音訳）することにあまり意味はないと思うが、空海は自らの悟りの体験に照らして、次のように纏めている。

行行として円寂に至り　　去去として原初に入る

三界は客舎の如し　　一心はこれ本居なり

空海『般若心経秘鍵』

心の本源（心源＝**本心**＝**一心**）は本より静寂で至福に満ちている、何ら欠けるものはない（円寂）。いつも変わらずそうなのだ。ところが、われわれは今、本源（心源）に背いて生死の苦海に身を淪め、徒に三界生死の世界を往来し、ここが仮の住い（三界は客舎）であることがどうしても分からない。われわれが本当に在るべきはわれわれが始めに在った「原初」であり、本源（**本心**＝**一心**）こそわれわれの本当の住処であって、真に安らぐ涅槃の城（善導、法然、一遍の言葉）であるからというので彼は「一心はこれ本居なり」と言ったのだ。**一心**こそ生死流転するわれわれが帰るべき永遠の故郷であるから、「行行として、去去として」、そこへ帰って行きなさいというのが空海のマントラ理解なのだ。

このように、**一心**は、われわれがいずれは帰るべき永遠の故郷（法性の都）であるとともに、仏というのもその心を覚って仏となったのであるから、親鸞のいう**自他差別なき一心**はすべての人（衆生）が本来有している仏の心（仏心）ということになるであろう。つまり、**一心**は自他はもとより仏とも差別なき、三心（自心、仏心、衆生心）平等の**一心**であったのだ。

若し自心を知るは即ち仏心を知るなり。仏心を知るは即ち衆生の心を知るなり。三心平等なりと知るを即ち大覚と名づく。

空海『性霊集』

三心平等の思想はよく知られた『華厳経』の言葉であり（「心と仏と及び衆生と、是の三に差別無し。諸仏は悉く、一切は心より転ずと了知す。もし能く是の如く解すれば、彼の人は真の仏を見る」）、源信（九四二―一〇一七）もまた『本覚讃釈』の中でこれを取り上げ、自・他・仏の三無差別を説いている。一体、悟り（大覚）といい、成仏というのも、仏心に他ならない自心（**一心＝本心**）を知ることであるというのが彼らの基本的な立場なのだ。しかし、何度も言うように、その心はわれわれがいうところの心（妄心）ではなく、親鸞的に言えば、**人の貪、瞋、痴の三毒に惹かるる剛強の自力（の心）を捨てて、無明の煩悩に汚されざる明明たる本心**を知ることなのだ。そして、過去に輩出したであろう多くの覚者（仏）たちもまた、本有の心（**本心＝一心**）を覚って仏と成ったのだ。ところが、われわれ衆生はこの心を知らず、妄心に過ぎない心（自力の心）に自ら狂迷し、六道・四生の世界を独り巡り、輪廻の輪は絶えて終ることがない。**一心**（**本心**＝仏心）を知ることの肝要を説いたのは禅も同じである。例えば、馬祖道一は、

汝等諸人、各、自心は是れ仏、この心即ち仏なるを信ぜよ。達磨大師、南天竺国より中華に来至し、上乗一心の法を伝えて汝等をして開せしむ。

『馬祖の語録』

と言って、禅宗初祖のボーディダルマ（菩提達磨）がはるばるインドから中国へ仏法を伝えんと、旅をしたのは、ただ「一心の法」を説かんがためであったという。**一心**の法（教え）とは、自心、仏心、衆生心の三心は本来平等の**一心**であり、自らの心を知りさえすれば、それが開悟ともなれ

ば、成仏ともなるということだ。生死に迷う衆生にとどまるか、悟って仏となるかはこの**一心**を覚るか、そうでないかの違いなのだ。この心を知ることが如何に大切であるかを、同じ禅の思想家黄檗は極めて明解に「但だ一心を悟らんのみ。さらに少法の得べきなし、これ即ち真仏なり。仏と衆生とは一心にして異なることなし」（『伝心法要』）と言った。また、『法華経』を読誦している時、悟りを得た（それを「開仏知見」という）とされる臨済宗中興の祖白隠も、悟りとは**一心**を明らかに知ることであるにもかかわらず、末法の世に、この心を俎上に上げ、まともに論ずる人もなく、僧侶はもとより、世間の人々は徒に混乱するばかりだと嘆く。

開仏知見とは、一心の妙法を発明することなり。悲しみても悲しむべきは、今、末法澆季《ぎょうき》の世の中なれば、一心の妙法の沙汰はすたれ果てゝ思い思いの有様なり。

白隠『遠羅天釜』

浄土の教えを少し学んだ人なら、馬祖の「自心は是れ仏、この心即ち仏なるを信ぜよ」を見て、親鸞の（もとは『観無量寿経』にある）「是心作仏というは、心はよく仏になるなり。是心是仏というは、心のほかに仏ましまさずとなり」を思い出されることであろう。そこでは心・仏を木と火の関係で説明しているが、心の闇（木）もいつかは晴れて、自ら燈明（火）となるのでなければ、六道・四生を巡る無明の闇はいつ果てるともなく続いて行く。ただ木を離れて火がないように、今は**人の貪、瞋、痴の三毒**（煩悩）に纏われた心（妄心＝自力の心）であっても、それを焼き尽くす火となるならば、そこに**一心（本心）**の妙法は輝き出るであろうということだ。

禅・浄いずれも「是心是仏、是心作仏」（この心が仏であり、この心が仏となる）を基本に据えているのだが、これにはよく知られた『涅槃経』の「一切衆生悉有仏性」という考え方が背景にある。そこでは心・仏を酪と蘇の関係（分かり易く言えば、牛乳を原料として、いろんな乳製品を加工すること）で説明している。ある人が蘇を持っているかと尋ねられ、今はないけれど、酪を持っているから、蘇を持っていると答えてもよいだろう、というものだ。言うまでもなく、酪は心（妄心）であり、蘇は悟り（成仏）の**一心（本心）**、あるいは仏性を表している。

衆生もまた爾なり、悉くみな心あり。およそ心あるものは定んで当に阿耨多羅三藐三菩提を成ずることを得べし。この義をもっての故に我は〝一切衆生悉有仏性〟と宣説す。

『涅槃経』

この文章から、われわれ人間（衆生）もまた心を持っているから、悟り（阿耨多羅三藐三菩提）が可能であり、同じことであるが、成仏の可能性（仏性）を宿していると理解できよう。これまで私は成仏という言葉を使ってきたが、ここで少し言い添えておかねばならないことがある。それは、人は死ねば誰もが成仏するのではない。浄土教的にいうと、誰もが還浄する（浄土に還える）とは限らないということだ。もしそうなら、何も問題はなかった筈だ。状況によっては、今生で深く悩むよりも、一足飛びに自らの生命を絶ってはどうか。恋々と生に執着するのではなく、いずれは老醜をさらし、不自由を託つこの世よりもあの世の方がずっといいはずだ。というのも、この頃は死ぬと誰もが天国に行くようであるし、何よりもあなたは自らの無明（無知）を振り払って、悟りを得た仏となる（成仏する）のだから。

ところが、実際はどうかというと、一度限りのいのちと思ってか、思わずか、力尽きるまでこの世の生にしがみつき、できうる限り死を避けようとしているではないか。この矛盾こそ、いわゆる成仏（あるいは天国）という言葉が去り逝く者だけではなく、残された者たちの無知と単なる気休めに過ぎないことを露呈してはいないか。実際は、すでに述べたように、殆どの人は「後有の身」を纏って、さらに迷うというのが、禅・浄いずれの思想家も説くところであり、それは真言密教においても同じだ。

さて、『涅槃経』の引用文で大切なことは、『観経』に「是心作仏というは、心はよく仏になるなり」とあったように、われわれが心を有している有情（衆生）であるから仏とも成り得る、つまり「一切衆生悉有仏性」とした点である。ところが仏教、とりわけ親鸞をはじめ、浄土の教えに親しんでいる人々にとって、心といえば、蛇蝎のごときもの（親鸞の言葉）であるから、なぜそんな心が悟りともなり（成道）、また仏とも成る（成仏）のかという反論が当然生じてくるであろう。何と言っても、親鸞自身が繰り返し、世々生々に迷うわれわれ凡夫には「真実の心」もなければ、「清浄の心」もないと口を極めて言っているからだ。

浄土真宗に帰すれども
真実の心はありがたし
虚仮不実のわが身にて

清浄の心もさらになし
親鸞『正像末和讃』

『観経』と『涅槃経』の心（それぞれ比喩で言えば、木と酪）はそのままではいずれも悟りでもなければ仏でもない。それはまさに親鸞の言う通り、**貪、瞋、痴の三毒に惹かるる剛強の自力**の心（妄想転倒の心）であり、その心ゆえにわれわれは世々生々に迷う迷道の衆生に甘んじているのだ。そして、この心を基にしてサンサーラの迷いの世界からニルヴァーナの悟りの世界へと渡っていくことはできないから、彼は**人の貪、瞋、痴の三毒に惹かるる剛強の自力（の心）を捨てて、無明の煩悩に汚されざる明明たる本心に基づく**のでなければならないとしたのだ。しかし、このように考えるのは、親鸞（浄土教）だけではなく、真言も禅も、いわゆる心がそうだと言ったことはなく、それは**本心（一心）**に対する妄心、あるいは妄念に過ぎない。従って、この心（是心）を私は一連の脈絡の中で妄念、あるいは妄心と解し、木が火となる、あるいは酪が蘇となるところ、言い換えれば、妄心から**本心**を明らかにするところに成道があり、成仏（作仏）の可能性があると言いたいのだ。この実践的プロセスは第四章に譲るとして、ここではこれらの比喩は開悟も、成仏もわれわれ自身が自らの心と取り組むことによって可能となると言うにとどめておこう。

親鸞は『大無量寿経』の三心（至心・信楽・欲生）を世親（四〇〇―四八〇頃）の**一心**に纏め、それを「一心の華文」（『教行信証』）と呼んだが、**一心**こそ生死に迷うわれわれ衆生を悟りの世界（涅槃）へと乗せて渡す大船、すなわち度衆生心なのだ。しかし、法然門下の間で持ちあがった信心論争（三九ページ参照）で言及したように、法然と親鸞だけがこの心（**一心**＝**本心**）を有していたのではなく、すべての人が本より平等に具えている**自他差別なき一心**であり、その心には仏心も含まれるというので、三心（自心・仏心・衆生心）平等の**一心**であった。そして、仏とはその心（**本心**＝**一心**）を知った人のことであり、衆生とは自心に惑って輪廻際なき生死の世界を離れられないわれわれ自身のことなのだ。

信心すなわち一心なり
一心すなわち金剛心
金剛心は菩提心
この心すなわち他力なり

親鸞『高僧和讃』

悟りとは自心（の仏）を知ることであり、親鸞は信心→一心→金剛心→菩提心→他力の心と続けるが、これら同じ内容を持つ心が他力であるのは、**自他差別なき一心**が仏心に他ならないからだ。誰もがすでに有している三心平等の**一心**は**無明の煩悩に汚されざる明明たる本心**であり、その心を開発したところを親鸞は「信楽開発」、「信心獲得」と言ったのであり、その真意は、**本心**（**一心**）はすでにわれわれが有しているものであって、それは何らかの努力（修行）を通して新たに手に入れるようなものでもなければ、いわんや作り出すものでもなく、それを知りさえすれば仏ともなるがゆえに「この信心すなわち仏性なり」（『唯信鈔文意』）と彼は言ったのだ。

『涅槃経』が「およそ心あるものは定んで当に阿耨多羅三藐三菩提（悟り）を成ずる」と言ったのも、**本心**を離れて心があるのでもなければ、また心を離れて**本心**があるのでもないから、われわれが心として理解しているものを手掛かりとして、**本心**を明らかに知るに至るならば、それが涅槃ともなり、生死輪廻の陥穽に二度と堕すことなく、必ずや悟りとなろうということだ。親鸞的に言えば、**人の貪、瞋、痴の三毒に惹かるる剛強の自力（の心）を捨てて、無明の煩悩に汚されざる明明たる本心に基づく**ならば、それが悟りともなれば、仏とも成るということだ。「一切衆生悉有仏性」の具体的な意味はこんなところにある。

ところで、仏性を具えているのは人間だけではない。黄檗は、諸仏はもとより小さな生き物に至るまで仏性を具え、その本質は一心において一つであると言う。

上諸仏に至り、下蠢動含霊に至るまで、皆な仏性有りて同一心体なり。ゆえに達磨は西天より来って、唯だ一心の法をのみ伝え、一切衆生本来是れ仏にして、修行を仮らざることを直指す。ただ今こそ自心を識取し、自らの本性を見て、更に別に求むることなかれ。

黄檗『宛陵録』

生死に迷う衆生から仏と成るためには、ただ自心（**一心**）を明らかに知ることであり、自らの本性（自性）に目覚めさえすればいいのだ。というのも、仏とは自らの心の本性（心性）に目覚めた人であるからこそ、それを仏性と呼ぶのであり、それ以外にわれわれが求むべきものなど本当は何もありはしないのだ。しかし、これまでわれわれは一体何を求めてきたであろうか。一つ一つ列挙することはもちろんできないが、これだけは言える。それは黄檗のいう、自らの心（自心＝**一心**＝**本心**）でもなければ、自らの本性（自性＝仏性）ではなかったはずだ。それがために、われわれはそうという自覚もないまま、徒に生々死々を繰り返してきたのである。

その間、一貫してあなたが求めてきたものはすべてあなたの外にあり、人目にどう映るかではなかったか。しかも、それを手にすることが自らに幸福と満足を齎してくれると考えたのであろう。もちろん、そう考えるのもいいだろう。私はかつてそれを否定したこともなければ、全くもって関心がない。というのも、あなたが何を手にし、何に成ろうとも、それはいわゆる世間であり、出世間ではないからだ。つまり、親鸞や慧能がいう生死出離とはならないばかりか、ややもすれば世間的なものの追求が、あなたを自心（**一心**＝**本心**）から、また自性（心性＝仏性）から遠ざけ、ますます無明の闇を深めることにもなるからだ。

黄檗の言うように、われわれは自らの**本心**（自心）を識取し、自らの本性（自性）を一度は見抜かなくてはならない。そうでなければ、われわれは徒に生まれ、徒に死を繰り返す迷道の衆生にとどまることになる。そして、知るべきは、あなたの**本心**であり、本性であることは、宗教が他でもないあなた自身の問題であることを意味している。というのも、自心であれ、自性であれ（それが無自性であっても）、そんなものを一体誰が知るというのか。

われわれはこれまで努力目標（ノルマ）を設定し、それを達成することに日夜多大のエネルギーを注いできたが、何を達成しようとも、あなたは**本心**（本性）について何も知ることなくここまできた。たとえ宗教的な行為と見なされるもの、例えば布施や持戒、また功徳を積むことによっても心の本性（心性＝**本心**）を知ることはできないし、如何なる行為もわれわれを仏に仕立て上げることはできない。それよりも何よりも、本来仏であるあなたが仏に成るために修行や善行を積み始めたら、これはおかしなことになる。われわれは**本心**を覚って仏とも成るのであるから、それは努力して勝ち取るようなものではなく、すでに予定された本性（自性）を知れば仏となるということだ。だから菩提達磨も、本来仏であるわれわれが何か修行をして仏と成るというのではなく、ただ**一心**の法を知りさえすればよいというので「一切衆生本来是れ仏にして、修行を仮らざる」と言ったのだ。この事実は、禅をはじめ聖道門の人々がいわゆる自力（の修行）を否定していたことを物語っている。

「一心の法」（黄檗、白隠）、そして「一心の仏」（空海）は、いずれも**自他差別なき一心**がわれわれ人間の知るべき究極の真理（法）であるとともに、それを知って仏と成るがゆえに「一切衆生本来是れ仏」なのだ。菩提達磨のこの言葉は、夙に知られた白隠の「衆生本来仏なり」という人間理解に結実していくが、彼は衆生と仏の違いを氷と水の関係で説明する。

衆生本来仏なり
水と氷のごとくにて
水をはなれて氷なく

衆生の外に仏なし

白隠『座禅和讃』

氷と水は同じ構成要素（分子）からできてはいるが、見た目にはやはり違う。それと同じように衆生と仏も違う。衆生は妄心に過ぎない心（自力の心）に惑うて、三界生死の世界を転々と巡っている。しかも、それが迷いだと分からないほど無明の闇は深い。それにもかかわらず、その違いは相（氷と水）の違いであり、迷える衆生と悟れる仏の間にそれほど大きな違いがあるわけではない。それを心で言えば、自我の殻に閉じこもり、自らの善悪の行為（カルマ）に纏縛されながら、いたる所で衝突と齟齬を繰り返し、自由を奪われているのが衆生の心（妄心）であるなら、煩悩・罪障の氷が溶けて、三心（自心・仏心・衆生心）平等の**一心（本心）**が虚空を尽くし、法界にあまねく行き渡った広大無辺の心（他力の心）を仏といえようか（「この一心の法体の、虚空を尽くし、法界にあまねきを、名づけて諸仏と為す」）。そこでは、かつてあなたが為した善悪いかなる所行（罪障）もすべては氷解して仏の功徳と一味となる。

罪障功徳の体となる
こほりとみずのごとくにて
こほりおほきにみずおほし
さわりおほきに徳おほし

親鸞『高僧和讃』

罪障が多いほど功徳の水が多くなるのなら、好んで悪しきことをしてもいいではないかと考えるならば、現在のあなたが自らの業（カルマ）に縛られて如何に身動きが取れなくなっているかを知らないからだ。あるいは、親鸞が「本願ぼこり」と呼んで、薬があるからといって（われわれの文脈に沿って言えば、仏心をも含む三心平等の**一心**を具えているからといって）、好んで毒を飲むような愚かな行為であると諭したことが思われるであろう。ともあれ、「仏と衆生とは、水と氷の如し。氷にてある時は、石かわらの如くにして自在ならず。溶くれば、本の水にて、縁に随いとどこおることなし」と抜隊（一三二七―一三八七）も言ったように、水と氷の比喩が衆生と仏における自由の度合を象徴的に表していることは明らかである。水はどんな形状の器にも自らを合わすが、一方、氷は互いに衝突し、息苦しさを感じ、責めぎ合う様子はわれわれの社会（世間）そのものということになろうか。

2　生死善悪を離れる

仏教は世間（俗諦＝生死の世界）と出世間（真諦＝涅槃の世界）の違いをいう。世間というのは、われわれが生死輪廻している虚妄の世界であり、それには人間界をはじめ三界・六道の世界すべてが含まれる。一方、出世間はそれらを超えた真実の世界（真如界＝法界）である。親鸞が『恵信尼書簡』の中で「世々生々にも迷いければこそありけめ」といったのは世間であり、仏教はわれわれを世間（虚妄）から出世間（真実）へと連れ戻そうとしているのだ。親鸞自身も世々生々に迷っている世間から如何にして出世間に渡るかを探り、生死出ずべき道を求めていたことはすでに述べた。そして、サンサーラの世界（世間）とニルヴァーナの世界（出世間）の違いは、われわれの心に真心と妄心、**本心**と妄念、他力の心と自力の心の二相があることから生じてくることも。

しかし、世間と出世間の違いなどと言ったところで、われわれは世間に棲息しながら世間がどういうところか実はよく分かっていない。世間を本当に知ったものは悟りを得た人であると言った釈尊の言葉は、裏返せば、悟りを得ない限り世間がどういうところか本当はよく分からないという含みがある。実際、悟りとは高度に難解な真理を発見することではなく、われわれが今、経験し、見ている世界（世間）がどういう所かを知った人のことだ。その時、人は世間（サンサーラ）をことさら厭い離れる（厭離穢土）というのではなく、それを知れば自ずと世間を超え、願わずともそこは出世間（ニルヴァーナ）なのだ。

そして、世間にはこの世とあの世（親鸞が「後世」と呼んだもの）すべてが含まれるから、出世間とはそのいずれをも超えることである。しかも、この世が現身（肉体）ならば、来世は「後有の身」を纏うことであるから、もはやいずれの身体も纏うことはなく、この現身が「最後の身体」となるのだ（「悟りの究極に達し、恐れることなく、無欲で、わずらいの無い人は、生存の矢を断ち切った。これが最後の身体である」『真理のことば』）。かくして、初めに挙げたウパニシャッドの哲人や釈尊が「あなたは再びこの地上に戻り来ることはない」と言ったことの意味を本当に知ることになる。その時あなたは自分の周りに、生死の流れに浮沈し、抗いながら、結局は無意味に失われていく、多くの「死の性」（アウグスチヌスの言葉）を負った「屍」を目にすることだろう。

イエスが言った、「この世を知った者は、屍を見出した。そして、屍を見出した者に、この世はふさわしくない」。

『トマスの福音書』

イエスもまた、いずれは老死を迎え、朽ち果てる屍（肉体）に過ぎないわれわれに、再び死を味わうことがないよう、今何をなすべきかを説こうとしているのだが、相も変わらずわれわれは死ぬまで屍に拘り続けるばかりで、一向に不死なるもの（死を味わうことのないもの）が見えてこない。そして彼の言う、この世（世間）を知った者は、もはやこの世にふさわしくないからこそ、ゆくりなくも再びこの地上に舞い戻ることはないというのが存在の法則なのだ（詳しくは拙著『自己認識への道』の第二部「トマスの福音書」を参照）。

イエスの言葉は、われわれが今問題にしている世間（この世）がどういう所かを簡潔に語っているが、さらに世間（それをイエスは「幻影の世界」と呼ぶ）とは、具体的にどんな世界をいうのであろうか。それは何よりも**生死善悪**をはじめとする二元相対の世界であることだ。われわれの見るもの、経験するものは、ことごとく二元性の間を揺れ動き、一瞬もとどまることがない。美醜、好悪、愛憎、貧富、快苦、悲喜、得失……すべてそうだ。そして、二元性の世界とは決して一方だけを選び取ることはできない世界であり、丁度コインの表裏をなしている。

しかし、われわれは幸福になるためであろうが、これら二元相対する表のみに意味と価値を認め、ひたすらそれを追い求めているのが世間といわれるところなのだ。だから、求めて得られないと、すなわち裏を経験するとわれわれは自分を不幸に思い、惨めな気持ちになる。人間の感情としては、表は楽しくもあり、それを求めて何が悪いということになろうが、表には裏が避けられないところに二元相対する世界の限界と問題があるのだ。イエスが「生きているものたちは死ぬであろう。どうして彼らは幻影の世界の中に生きられようか」（『復活に関する教え』）と言ったのも、この二元相対する幻影の世界（妄境界）で本当の安らぎなど見出せないだろうという思いがあったからだ。

このように世間とは二元性の範疇を一歩も出ない人々から成り立っているが、そこに生きるものをことさら非難するのは宗教として行き過ぎのように思える。彼らがその世界を生きたいなら、それもいいではないか。しかし、その世界が無明に基づく二元葛藤の幻影の世界（妄境界）であり、われわれは幸福を求めながら、不幸をもう一方に引き連れてくること（プラトンの言葉）、また釈尊が看破したように、いわゆる生は老死に行き着くだけではなく、生々死々を繰り返しているると本当に納得した人、あるいはアウグスチヌスが「幸福の生を死の国にさがしている。そこに幸福の生はない」と言ったように、すべては終る生に真の幸福などあり得ないと深く頷いた人のみが、この二元性の世界（虚妄の世界）から一元性の世界（真実の世界）へと帰って行けばいいいのだ。この二つの世界を見事に言い当てたのはスーフィズムの偉大なシェイフ、ルーミー（一二〇七―一二七三）であった。

愛情の世界に比すれば憎悪の世界は狭い。人が憎悪の世界を厭うて、愛情の世界に遁がれようとするのを見てもそれが分かる。けれど、その愛情の世界も、愛憎二つながらの源であるかの世界に比すればまだまだ狭い。愛情と憎悪、そういうものは二元論に陥ることを免れぬ。かの世界は愛憎の彼方にある。このように、愛情ですら二元論の源である。そして、二元性の跡もなく、純粋一元性の世界も存在する。とすれば、その一元性の世界に到達した人は、愛も憎しみも共に超えた人でなければならない。その世界には二元性の入る余地は全然ないのだから、そこに至った人は完全に二元性を超越しているはずである。従ってまだ二元性の支配していた最初の世界、つまり愛情や友情の世界は、今やその人が移ってきた一元性の世界に比すれば、どうしても低級と言わざるを得ない。

『ルーミー語録』

宗教というと、飢え、苦しんでいる人々に愛の手を差し伸べることのように考えるが、そんなことは人間として当然のことであり、ことさら宗教を持ち出すこともない。PKOや青年海外協力隊で充分なのだ。また、宗教という名のもとに人類の救済と称して慈善事業などに携わると、それが宗教でもあるかのように誤解され、倫理と宗教の境界が曖昧になりかねない。例えば、無縁仏として放置されている屍を集め、手厚く墓地に葬ることにでもなれば、立派な宗教的行為と見なされようが、その屍（「死の性」を負う私たち自身のこと）を「最後の身体」とし、再び死を味わうことがないところまで引き上げようとしているのが宗教なのだ。ここは明確に区別しておかねばならない。もっと言うなら、宗教とは、ある意味で、人間であることさえ超えて行こうとしているのだ。親鸞はそれを「人天に超過せん」と言ったが、人（人間）・天は三悪道（畜生・餓鬼・地獄）に比すれば、善きところには違いないが、それとても六道（六趣）に輪廻する迷いの存在であることにかわりはない。だから彼は、『大経』にならって、「五悪趣（修羅が除かれている）を自然に断ち捨てて四生を離れる」（『尊号真像銘文』）ことを人生の目的としたのだ。

この世また来世におけるいかなる富であろうとも、天界における勝れた宝であろうとも、われわれの全き人に等しいものは存在しない。この勝れた宝は目覚めた人（仏）のうちに存在する。この真理によって幸いであれ。

『スッタニパータ』

天国と地獄、この世とあの世、すべては虚妄の世界（幻影の世界）であり、宗教とはこれらに思いをはせることのように見えるが、そうではなく、宗教が目指す真実はそれらの彼方にある。つまり、この世にあっては、できる限り長命と幸せ多きことを願い、死しては天国に生まれることではなく、「人間の絆を捨て、天界の絆を超え、すべての絆を離れた人」（『真理のことば』）であろうとしているのだ。本来、宗教は人・天すべての繋縛を離れた「全き人」を目指しているのであり、それは真理に目覚めた仏に他ならず、その真理によって幸いであることを説いているのだ。この「全き人」を宗教は「まことのひと」（親鸞）、「真人」（禅）、「完全な人間」（キリスト教、スーフィズム）とさまざまに呼ぶ。

われわれの生命と財産を守るのが政治の務めであるようだが、宗教は、いずれは朽ち果て、すべてを残して行くこの世のいのちや富ではなく、また、名なり功を成し、その足跡を歴史に残すことでもなく、真理に目覚めた人のみが知る「勝れた宝」を明らかにしようとしているのだ。しかし、注意すべきは、その宝は真理に目覚めた人（仏）のみが有しているものではなく、すべての人の内側に本より具わる真実（自性＝仏性）であって、それを知った人を釈尊は「全き人」と言ったのだ。

親鸞がそれを「真実の利」と呼んだことは「釈迦、世に出興して、道教を光闡して、群萌（生死に迷う私たち自身のこと）を拯《すく》い、恵むに真実の利をもってせんと欲してなり」（もとは『大無量寿経』の言葉）と主著に引用している通りである。われわれが今生において、本当に必要としているものはそれ（「勝れた宝」、「真実の利」）なのだが、不幸にして、われわれはこれまでそれ在ることを教えられてこなかった。というか、われわれの耳目には届かなかった。それゆえの生の悲しみ、畏れ、焦燥、混乱であることがわれわれにはどうしても理解できないのだ。

翻って、一体何が**生死善悪**をはじめ二元性の世界を生み出し、われわれをして生死輪廻の世界に繋ぎ止めているのであろうか。それは他でもないわれわれ自身の心（妄心）なのだ。仏教はそれを分別心と呼ぶが、すべてを二つに分ける妄分別（vikalpa）に因って二元性の世界が擾々と現れてくるのだ。生死すらわれわれの心（分別の念想）に依ることを、一遍は次のように言う。

分別の念想の起こりしより生死はあるなり。されば、「心は第一の怨《あだ》なり。人をして閻羅《えんら》の所に至らしむ」と。……生死というは妄念なり。妄執煩悩は実体なし。しかるを、この妄想転倒の心を本として、善悪を分別する念想をもって生死を離れんとすること、いはれなしと、常におもうべし。

『一遍上人語録』

彼もまた、「生死はただ心より起こる」といった『華厳経』と同じ文脈に沿って、生死を捉えているのであるが、その心は先に指摘したように無明妄心、といってもわれわれが普通に心と呼んでいるものであり、その心（妄心）に基づいて為されるあらゆる行為が原因となって、われわれは生々死々を繰り返しているのである。それが善き業なら善所（人・天）となり、また悪しき行為なら悪所（三悪道）となろうが、その心が仇となって人は地獄（閻羅）の果てまでも行くことになりかねないと、一遍は言う。

ここでわれわれは、彼が心を「第一の怨（怨敵）」とまで言ったことに注意を払わねばならない。心は善悪を問わず、無始劫来われわれを生死輪廻の絆に繋ぎ止めている元凶であるとも知らず、ただ能天気に心をもてあそぶだけでは、たとえそれが学問であったとしても、如何に心の本質を知らないかを物語っていることにもなろう。ともあれ、この心から生死は起こってくるのであるが、われわれは生死、とりわけ肉体となると、生まれてから死ぬまで、目に見える形をとって存在しているから、確かな存在と考えるけれども、心が実体のない妄想転倒の心（妄念）であるから、肉体もそれほど確かな存在の根拠があるわけではない。

三界の業報　六道の苦身
すなわち生じ　すなわち滅して　念念不住なり
体もなく実もなく　幻のごとく影のごとし

空海『吽字義』

空海が六道（人間もその一つである）を巡る身体を「六道の苦身」と呼び、それには実体もなく、幻影のようなものであると言ったことを、臨済は「夢幻の伴子」と呼ぶ。心が生ずると、それに伴って、夢か幻のように儚い身体が現れてくるというほどの意味であるが、実体のない心から実体を持たない身体（だから空海はそれを「五蘊の仮我」と言ったのだ）が屡々と現れてくるということだ。さらに補足すると、『維摩経』は、われわれの身体が転倒した心（妄心）とそれに基づく行為（業）から生じてくる幻影の如きものであることを次のように言う。

この身は幻の如し、転倒より起こる
この身は影の如し、業縁より現るる

『維摩経』

このように、肉体（身体）が他でもないわれわれ自身の転倒した心（妄心）から生じてくるという認識は、逆に言えば、心が消え去るならば、果たして肉体などあるだろうかということになる。換言すれば、心が消え去れば無明から始まる生・老死（生・老・病・死の四苦）などあるだろうかということだ。つまり、生死（肉体）が心より起こる幻影の如き無明の相であるからこそ、われわれは生死を超えていくことも可能になるのだ。

世間は社会規範や倫理・道徳を説き、それを法律で律していくが、その世間（サンサーラ）から出世間（ニルヴァーナ）へと連れ戻そうとする宗教は、行為の善し悪しなど問題にはしない。というのも、**生死善悪**はいずれも心（妄心）から生じてくるのであるから、いくら自らを律し、行為を正しても、妄心に基づく行為である限り、それは生死輪廻の業（カルマ）となるからだ。確かに、善き業は善き世界へと（逆もまた然り）、われわれを連れて行くであろうが、それもまた虚妄の世界（三界・六道）に過ぎないのだ。

善悪ともに皆ながら　輪廻生死の業なれば
すべて三界・六道に　羨ましき事さらになし

『一遍上人語録』

われわれの心が**生死善悪**をはじめ、美醜、愛憎、悲喜、快苦、幸不幸……さまざまな二元相対の世界を作り出している根本原因であるから、この心を本として生死を離れ、仏と成ることは事の道理からしてありえない。だからこそ一遍は「善悪を分別する念想（心）をもって生死を離れんとすること、いはれなし」ときっぱり否定したのだ。ここに倫理（世間）と宗教（出世間）の間に根本的な相違がある。

また、親鸞が「外儀のすがたはひとごとに、賢善精進現ぜしむ」（『正像末和讃』）と言ったように、心を人の目によく見せることはできるだろう。他人を思いやり、慈善事業までやっていれば心優しい、善き人であるに違いない。私も立派な人と正直思う。しかし、言うことが憚られるが、善き人も悪しき人もわれわれの心（妄心）が、状況や環境によって、どちらに振れるかの違いであって（『歎異抄』に「さるべき業縁のもよおせば、いかなるふるまいもすべし」とある）、いずれも六道・四生を彷徨う転倒の凡夫にかわりはない。このように、是非・善悪を論じる同じ心（思考）でもって、世間（サンサーラ）から出世間（ニルヴァーナ）へと渡ることはできない。もちろん、この事実は、世間における善悪の基準を廃無することではなく、ただ出世間を問題にする宗教の場合ということであるが。

3　主客の二元論

二元相対の世界（世間）が心から生じてくることは理解されたとして、実際の日常経験としてはどのような特徴と構造を持つのであろうか。それはわれわれの認識構造と深く関係している。つまり世間とは、認識論的に言えば、見るもの（主）と見られるもの（客）は共に存在するという実在論的二元論の立場に立ち、それを前提として物事を捉え、行動を起こしている世界ということだ。それを端的に表したのが『成唯識論』の次の言葉である。

二取の随眠はこれ世間の本なり。唯しこれのみをよく断ずるを出世間と名づく。

「二取」とは能取（grahaka）と所取（grahya）ということであり、今の言葉で言えば、主観と客観ということだ。「随眠」とは「衆生に随逐して蔵識に眠伏せり」といわれるように、主客の認識構造がわれわれの意識の深層深くに常にあるということだ。つまり、われわれが主客の関係で物事を捉える習性は無意識のうちに常に働いているという意味なのだ。また「蔵識」とはアーラヤ識（唯識学派の人々が、衆生が輪廻転生する根源にあるものとして見出してきた深層意識）のことであり、われわれ人間には主客の関係で物事を見る傾向が深層意識であるアーラヤ識の中に構造的に組み込まれている。このように主客の関係でものを見、思考し、また経験する世界を世間（サンサーラ）というから、『成唯識論』は「二取の随眠はこれ世間の本なり」といったのだ。そして「唯しこれのみをよく断ずる」、つまりこの主客というものの見方を断つことができたら、それがたちまち出世間（ニルヴァーナ）になるという意味なのだ。

しかし、この主客の認識構造は、すでに説明したように、心（無明妄心＝分別心）から生じてくるのであるから、心が世間（生死）の本であり、心を断ずるときわれわれは出世間（涅槃）となるといってもよい。だから『華厳経』は「生死はただ心より起る。心もし滅することを得ば、生死も則ちまた尽きん」といったのだ。ともあれ、心から生じてくる、思考するもの（主＝心）と思考されるもの（客＝物）という主客の認識構造に基づいて、さまざまな経験をしているのが世間であり、その経験が善くも悪くも業（カルマ）となって、転々と生と死を繰り返しているのがわれわれ人間なのだ。それをさらに具体的に言えば、一遍の次の言葉になろうか。

「心の外に法を見るを名づけて外道とす」という事、心外に境をおきて、念をおこすを迷いとは言うなり。境を滅して独一なる本分の心は妄念なし。心境格別して、二と思いしより、生死に流転するなり。

『一遍上人語録』

われわれは、まず私（心）が存在し、その私が外物（法＝境）、それは世界・人・物・マネー・組織……とさまざまであるが、それらとの関わりの中で思考を巡らせ、実際の行動に移る。しかし、この人間にとってごく当たり前の主客の二元論的な思考方法と行為の中に、すでに盲点が隠されているだけではなく、それがわれわれにとって生死に迷う根本原因となっている、と一遍は見ているのだ。心の外に物（法）があるとする世間も、さらに言えば、物心の二元論を基本に据えてきた近代人・現代人の思考方法も、仏教的観点からすれば、外道（仏道から全く掛け離れた転倒と錯誤の道）に他ならないということだ。このように、われわれが日常的に、私（心）の外に物（法＝境）が存在するという思考の構造こそ根源的な迷妄（根本無明）であり、主客（心境）がそれぞれ独立して存在すると捉えたところから生死輪廻は始まっているのだ。

従って、この二元論的な思考方法を離れない限り、われわれは生々死々する世間にとどまることになる。中国華厳宗第三祖の法蔵が「心に由りて境を現わし、境に由りて心を現わす」（『妄尽還源観』）と言ったように、心を離れて世界（境）はなく、世界を離れて心もない。逆に言えば、心が消え去るならば境（三界・生死の妄境界）はなく、境が消え去るならば心（妄念）もまたないということだ。

一遍は、この心（妄念）が消えたところを「本分の心」と呼び、その心を知って初めてわれわれは生死流転する世界を離れることができるのだ。もちろん、彼が「本分の心」と言ったものは、この本文全体のキータームである独一なる**本心**、あるいは**一心**に当たることは言うまでもない。この**本心（一心）**には、いわゆる心（妄念）はないけれども、そこに心が起動すると（それを『起信論』は「無明の忽然念起」といったのだ）、たちまちわれわれは主客の実在論的二元論に基づいて物事を捉え、それと同時に輪廻の世界（世間）へと入っていくことになるので、一遍は「心境（主客）格別して、二と思いしより、生死に流転するなり」と纏めているのだ。

このように**生死善悪**をはじめ二元性の世界が擾々と現れて来るのも、今述べた主客の認識構造から生じてくる。さらにわれわれは、自分の感覚が捉えたもの（外物）に、文字通り主観を交えて好悪、是非、美醜、損得……などを計り、ときには開運のために**神通加持**にもはしるが、その全体が生死際なきカルマ（業）の世界になっていることなど全く気づいていない。ここから思想的、嗜好的にあらゆる価値がこの世に持ち込まれることになる。しかも、これらの根底にあるのは無明妄心（心）であるとも知らず、われわれは自らが勝手に持ち込んだ価値にどこまでも執着し、相争うことにもなる。この妄執（我執）がわれわれ衆生をして生死の世界に縛る業（カルマ）になっていることなど誰も教えてはくれない。せいぜい、われわれは悪を慎み、できれば善き行いを勧めるという人の道を説くばかりで、善悪ともども生死輪廻の業となっていることなど一向に理解されない。

世間道をすなわちこれ凡夫所行の道と名づく。（中略）凡夫道は究竟して涅槃に至ることあたはず、常に生死に往来す。出世間は、この道によりて三界を出づることを得るがゆえに、出世間道と名づく。

親鸞『教行信証』

道には二つある。一つはわれわれ凡夫が辿っている世間の道であり、有史以来われわれ人類が営々として築いてきたすべての事柄をいう。そこには**生死善悪**をはじめ、美しいことおぞましいこと、信頼と狡知、愛憎さまざまなものがある。しかし、何を試みようともその根底にあるのは妄心（心）であり、その結果は良くも悪くもわれわれを三界生死の世界に繋ぎとめることになる。たとえ生涯を善行に励もうとも（そんな人はこの世にいないと思うが）、行為を通して人は決して涅槃の世界に赴くことはできない。もう一つは出世間の道（親鸞が「生死出ずべき道」と呼んだもの）、すなわち生々死々する世間（三界）から涅槃の世界へと辿る道である。

道に世間道と出世間道の二つがあるように、知にも二つある。まず、主客の関係で知識を積み上げていく世間知、例えば、科学の研究をする場合、観察するあなたがいて、観察される対象として自然や社会がある。そこから得られた新しい知識やデータを纏めあげて一つの理論を作りだす。この構造が世間知であり、学問というのも世間知の範疇を超えるものではない。それに対して、主客の認識構造を断じたところが出世間智であり（それを無著は「真智」という。詳しくは後述）、宗教が説こうとしているのは、もちろん後者である。このように認識の構造の違いが学問と宗教の世界における真理を分けているのだが、われわれはこれまで主客の関係で物事を見ることのみに終始してきたのであるから（そうしかできなかったと言うべきか）、実際に、仏教が目指している世界を知るには、よほどの発想の転換が求められてくることになる。具体的には、主客の二元論ではなく、その認識構造を絶つために、親鸞が**還って我が心に立ち進むべきこと**と言ったように、それが起こってくる心の本源（心源）にまで立ち返る必要があるのだ（そこに至る方法論については第四章を参照）。

われわれは世間と出世間の違いをよく心得ておかねばならない。前者を人の道とするならば、後者は仏の道といえるだろう。人の道においては平和と戦争、善と悪、幸福と不幸、利益と損失、豊さと貧困、成功と失敗などが問題になるが、いつの時代も個人から国家（組織）に至るまで、われわれ人間は前者を願いながらも後者によって脆くも崩れ去る経験を何度も繰り返してきた。それはこれからも変わらないであろう。というのも、戦争の悲劇を二度と繰り返さないことを誓いながら、平時に着々と新兵器を開発し、戦争に備える。また、組織の利益優先と自己保身（組織防衛）が分別ある大人の判断を狂わせ、身を滅ぼす。この愚劣さと狂態こそ人の道なのであろうが、今日われわれが本当に考えるべきは、個々の事例ではなく、なぜ二元性の世界が擾々と起こり続けるのか、その根本原因を真剣に探ってみることなのだ。

そうすると、意外にもその原因がわれわれの心（妄心）に淵源していると教えているのが仏教なのだ。親鸞が心を蛇蝎の如きものと言い、一遍が心を「第一の怨」と言ったように、心が良くも悪くもあらゆる二元葛藤の世界を生み出している根本原因であり、その心がわれわれの置かれている状況と環境によって、善（平和）ともなれば悪（戦争）ともなり、ひいてはわれわれを生死輪廻の世界に繋ぎ止める元凶となっているのだ。一方、仏の道とはこの**生死善悪**をはじめとする二元葛藤する心の世界にとどまることではなく、二元性の世界（生死の世界）から一元性の世界（涅槃の世界）、すなわち心から心の本源（心源＝**本心**＝**一心**）へと帰って行くことなのだ。

4　花を花と見る

安らぎに帰して、善悪を捨て去り、塵を離れ、この世とかの世とを知り、生と死を超越した人、このような人がまさに道の人と呼ばれる。

『スッタニパータ』

釈尊は、この世（現世）とかの世（来世）のいずれもが六道・四生に迷う虚妄の世界（六塵の境界）に過ぎないことを洞察し、生死、善悪、幸不幸　美醜……すべての二元性を離れ、無始劫来続いてきた迷いの根源を翻して、生死の世界（世間）から涅槃の世界（出世間）へと帰って行く人こそ真理に適った人（道の人）と見ているのだ。学問を積み、何事にも口を挟み、物知り顔に喋々と世情を論じるいわゆる識者になることなど求めてはいない。

この世界は基本的には**生死善悪**の世界であり、そこで人は悲喜の涙を流すが、事は起こり続け、本当に安らぐことなどあり得ない。もちろん、気が済むまで思考を捏ねまわして、議論をするのもいいが、われわれの心（思考）がすべての二元論の根底にあるとも知らず、その同じ心でもって是非・善悪を論じ、ひいては存在の本質に迫ろうとしても、問題はさらなる問題を生み、堂々巡りをするばかりで、一向に埒があかないことは、少し世情を見れば明らかである。まして、親鸞が掲げた生死の問題（生死出離）の解決などとても望めないだろう。もっとも、そんなことに関心がないというのであれば、あなたは自分の選んだ人の道を歩めばいいのだ。その時、世間はあなたにお目出度い哲学者という称号を与えるかもしれないが、あなたが釈尊のいう「道の人」でないことだけははっきりさせておかねばならない。

さて、親鸞は**花を花と見、月を月と見る**というが、一体どう見ることなのであろうか。あまりにも当然なことなので問題にもならないように思えるが、おそらくこの秘密を知る者は、真実は何かを知った人（道の人＝覚者）であるだろう。それにつけて思い出されるのは『無門関』に登場する趙州（七七八―八九七）の「庭前の柏樹子」である。ある僧が趙州にボーディダルマ（菩提達磨）がインドから中国に渡り、彼が伝えようとした仏陀の真理（仏法）は何かと問うたのに対して、彼は「庭前の柏樹子」と、ただ一言答えたというものだ。そのとき趙州が見ていた柏の樹はわれわれが見ているそれではない。といっても、それが柏の樹でないということではなく、彼の見方、あるいは見る姿勢が違うのだ。それは南泉（七四八―八三四）が、同じく庭前の花を指差し、陸恒に「時の人、この一株の花を見ること夢の如く相似たり」（『雪竇頌古』）、つまり人は花を見ているけれども、その真実を捉えていないと諭したことにも通じるであろう。

われわれが見る時、心が見るもの（主＝私）と見られるもの（客＝物）の二つに分けるが、この主客（自他）の関係で見ている限り真理（リアリティ）は見えてこない。というのも、この主客の関係で見聞を広げて行く認識構造こそ世間（虚妄の世界）であるとしたのであるから当然である。

これに関して一遍は微妙な表現ながら、われわれに注意を喚起している文章があるので、それに依りながらさらに検討を加えてみよう。

花を愛し、月を愛する、ややもすれば輪廻の業。仏をおもい、経をおもう、ともすれば地獄の炎。ただし、一心の本源は自然に無念なり。無念の作用、真の法界を縁ず。

『一遍上人語録』

花を愛し、月を愛でることは人の情としては美しくもあり、何ら咎められるようなものではない。しかし彼は、ややもすれば「輪廻の業」と言う。また、心に仏を念じ、経典を繙きでもすれば立派な篤信の信者と見なされよう。しかし彼は、ともすれば「地獄の炎」と言う。何故であろうか。それは、花を愛し、月を愛でる心も妄心なら、仏陀や経典の言葉に思いを寄せ、理解を深めるのも妄心なのだ。そして、この妄心からは**生死善悪**をはじめとする二元葛藤の世界しか現れてこないのであるから、いつかどこかでそれを捨て去るのでなければ、われわれの善き思いも美しい感情もすべては輪廻の業（カルマ）となり、地獄の果てまで行くことにもなりかねない。

ここにも「世間の本」である、花も月も仏も経もすべては、見る私、また思考する私の外にあり、主客（自他）という二元論的な認識に堕しているところに問題があるのだ。この構造に基づいて経験するすべてが虚妄であるとともに、われわれを生死輪廻の絆に縛る業（カルマ）となっているから、一遍は「ややもすれば、輪廻の業」と言ったのだ。しかし、それを言うだけならば、病める人を放置するようなものであるから、彼は、ただし心の本源である**一心（本心）**の世界はわれわれが帰趨すべき真実の世界（真の法界）であると付け加えているのだ。

このように、われわれは見るもの（見分）と見られるもの（相分）は共に存在するという実在論的二元論に基づいてものごとを捉えている。この認識構造をさらに敷衍すると仏教が説く「一水四見」の考えに行き着く。一水四見とは、道元も『正法眼蔵』（「山水経」）の中で取り上げているので、それを要約すると、彼は六道（天、人、修羅、餓鬼、畜生、地獄）の中から、それぞれ心、あるいは意識構造の異なる四つの衆生を取りだし、人間が水と見ているものを、天人は瓔珞と見、餓鬼は猛火と見る。魚（畜生）に至ってはそれを棲家（宮殿）と見ているというものだ。そして彼は、一水四見という、われわれにとってにわかに信じ難い事例の意味するところについて深く参究することを勧めているので、少し検討を加えてみよう。というのも、われわれがいま問題にしている「見る」という、ごく当たり前のことの中に何か見落しがあるように思えるからだ。なぜなら、趙州が「庭前の柏樹子」と言った時、われわれが見るという場合とは明らかに異なる何かを見ていたことは充分に予想されるからだ。

そのために、まず、六道はいずれの境涯（境界＝世界）にあろうとも、迷いの存在であることを確認しておかねばならない。これら迷道の衆生は（この場合、天人、人間、餓鬼、畜生の四者であるが、残る二つにも当てはまる）、それぞれ心の有り様、あるいは認識の構造が異なるために同じものを見ていながら四者四様に見ている。そうすると、個々に意味があるとしても、四者共通の意味を見つけることはできないであろう。つまり、同じ心の構造を持ち合わせているものにとってのみ分かりあえる世界（境界）に彼らは（人間も含まれる）、それぞれ住んでいることになる。言い換えると、人間が見ているものだけが正しいのかというと、そうではない。人間はたまたま水と見ているだけであって、決して真実を見ているのではない。もちろん天人、餓鬼などが見ているものが真実であるというのでもない。今述べたことについて、無著が実に見事に纏めているのでそれを引用しておこう。

鬼（餓鬼）と傍生（畜生）と人と天と　各其の所応に随って
事を等しくして心異るがゆえに　義は真実に非ずと許すべし

無著『摂大乗論』

さらに、弟の世親が「境の義は真実の有にあらず」と解釈を加えたように、心が異なれば、同じもの（事）を見ていながら全く違う様相を呈してくるだけではなく、それらはいずれも真実には存在しない「情有理無」であるということだ（情＝心を持つ衆生には有るかのように映っているけれども、実際は存在しない仮有実無である、という意味)。われわれ衆生(有情)が心でもって見ている限り、真実を見ているのではなく、その心にとってのみ意味をもつ世界(妄境界)を見ているに過ぎないということだ。われわれ人間の場合、人間の心、あるいは人間の主客の認識構造で捉えた場合、たまたま水と映っているだけであって、決して真実を捉えているのではないことを銘記しておかねばならない。それは『般若経』などが、われわれが見るが如くにものは存在しているのではないというに同じだ。

衆生の心の有り様によって、同じものがさまざまに見えてくる。どれが正しいのかというと、どれも違う。つまり、衆生の心(妄心)ではとうてい真実は見えてこないということだ。なぜなら、もしわれわれが真実(存在の実相)を捉えていたら、もはや生死に迷う迷道の衆生ではなく、悟りに到達した仏であるだろう。すると、他の衆生(五道・五趣)と同様、人間が今どんなところに生息しているか少し分かってくるのではないか。

われわれ人間は、人間の心が捉えたものという共通認識に基づき(その中には美しいものもあれば、おぞましいものもある)、また人間の心(意識)にとってのみ意味を持つ世界(境=世間)で、政治や経済活動をし、また文化の創造に勤しみながら、さまざまな問題を抱え込んでいると言えるだろう。そして、この世界を住処とする人間がたとえ真実なるものを捉えていなくとも、つまり虚妄(仮有)であっても、その虚妄を共有し、そこに何がしかの意味と価値を見出そうとして、日夜努力しながら、その時がいつなのか分からないまま、死に急いでいるというので、私はこの世界をかつて共同幻想の世界と呼んだ。もちろん、人間だけが共同幻想の世界に生きているのではない。ここに挙げた四者四様に、自らの心に随って、さまざまに見ているのだから、それぞれが共同幻想の世界を生きていることになる。そして、真実はこれら共同幻想の世界の中にあるのではなく、この幻想のヴェールが取り除かれたとき顕現してくるものなのだ。

宗教とは、本来、虚妄から真実を明らかにすることであるから（「諸の菩薩は、妄を捨てて一向に真実を顕わす」）、真実を明らかに知るとはどういうことかをさらに問うてみよう。

真実はありのままに見られるべきである。

真実を見るものは解脱する。

『宝性論』

真実はありのままに見られるべきであるというが、ありのままに見るとはどういうことか。また、真実を見るものは解脱するというのだから、少なくとも今のわれわれに真実は見えていないことになる。なぜなら、今に至るまでわれわれは解脱できず、世々生々に迷う迷道の衆生であるからだ。すると、ありのままに見ることができたら（例えば、趙州のように）、もうそれは悟りであり、生死出離（解脱）ということになるが、このありのままに見るという、一見何でもないように思えることが実は難しいのだ。少なくともそれは、主客（自他）の関係で見ることではないが、われわれの意識の深層には、この主客の二元論的構造に基づいてものを見る習性が常に働いている。そして、この構造で捉えている世界がいわゆる世間（虚妄）であり、この構造を離れ

（断じ）、主客未分において捉えたところがありのままに見ること、すなわち出世間（真実）であり、それが解脱（開悟、成仏）に他ならないのだ。

言うまでもなく、ここでいう真実はいわゆる学問が探求するくさぐさの真理とは明らかに異なる。なぜなら、学問は主客（例えば、観察する人がいて、研究対象があること）の二元論的思考方法に基づいて個々の事実（それを客観的真理という）を明らかにするだけであって、それを知ったからといって、仏教が説く解脱（開悟、成仏）とはならないばかりか、外見には真摯な研究態度も単なる堅物に過ぎず、花鳥風月を愛でる趣味の人の場合と同様、ややもすれば輪廻の業ともなり、知識の優越（何事かを知っているという慢心）がともすれば地獄の炎ともなりかねないのだ。

観察するのは研究者ばかりとは限らない。もう一度、花を愛し、花を見ているあなたがいるとしよう。そのときあなたは確かに花を見ているが、あなたは花の形や色について美醜を言い、また香りの良し悪しなどが心をよぎる。花はあなたに対して良いとも悪いとも言いはしないが、あなたはさまざまな思いを花に付け加える。すると、その花はもはやそこに存在する花ではなく、あなたの心（思考）というフィルターを通して見られた花なのだ。もちろん、見るあなたは一人ではないから、その花は見る人の嗜好や感性によってさまざまに見られ、もはやどれとも重なり合うことがない。実際の花よりも美しいと過大に評価する者もいれば、また逆に、醜いと過少評価する者もいるだろう。花は同じであるにもかかわらず、さまざまな評価に分かれるのは、主客

（自他）に分ける心を有するものとしてのあなたが存在するからだ。つまり、われわれはあるがままの花を見ているのではなく、われわれの心のフィルターを通して見た花しか知らないのだ。

事実、われわれの心はプリズムのような働きをしている。それは丁度、色を持たない光がプリズムを通過すると七色に分かれるようなものだ。ここから人間の奇妙な振る舞いが見えてくる。というのも、本来無色の光を七色に分けておきながら、色をめぐって自分の好みを主張し始めるが、元はといえば一つの色であった（一切即一）。といっても、それは七色の一つということではなく、七色すべてを含む光として無色であったのだ。そうとも知らず、われわれが七色をめぐって争いを始めたとしたら、それはわれわれが色の本質（光）を知らない無知に依るものだとすぐ分かるだろう。

それを存在にまで敷衍すると、われわれが今、目にしているものは個々ばらばらに、さまざまな色、形をなしているけれども、それもまたわれわれの心のフィルターを通して見た形象の世界なのだ。そこでわれわれは好悪・美醜・損得と選り好みをし、文字通り、我が物顔に振る舞う。それは、本来無色の光が七色に分かれ、それらをめぐって美醜や好悪を言い張っているようなものであり、真実（実相）はすべてを含む無（無形）において一つであることは、光が七色すべてを含みながら無色において一つであるのと同じなのだ（一即一切）。しかも、この無色透明の光はただ色がないというよりも、一つ一つの色よりももっと色彩に富み、重々無碍に重なり、眩い輝きに満ちているであろうことは容易に察しがつく。しかし、惜しむらくは、われわれ人間の目

（それを「衆生眼」という）には光そのものが持つ本当の輝きは見えてこない。というのも、色に限らず人の目には個々の形あるものしか見えていないからだ。

このように、われわれが今見ているものは、さまざまな形や色であり、存在の実相（真実）はこれらすべてを含む無として一つなのだが、決して空虚なものとして無なのではない。しかし、もしわれわれが一なるものを知らず、形ある世界のみを捉えて、我が物にせんと、相争うならば（現在そうしているのだが）、それは存在の本質を知らない人間の無知に起因する愚行であるとすぐ分かるであろう。そして、七色のみを捉え、光を見届けることができなければ、色の本質（光）を知ったことにならないように、われわれは形ある世界だけに囚われてはならないのだ。われわれは形あるものから形なきもの、虚妄なるものから真実なるものを見る目を育てなければならない。それを衆生眼に対して仏眼というが、真実をありのままに見るとは、この新たに開かれた慧眼、あるいは心眼を通して見ることなのだ。このように宗教とは、ひとえに見る術に関係しているのだ。

5　即心仏性

われわれ今、一なるもを多なるものとして捉え（その一例が一水四見）、真実をあるがままに見ることができないまま徒に混乱しているのだが、それを見ている心は何度も言うように妄心であり、妄りに分別（妄分別）しては混乱している心であるから、それを分別心、あるいは妄想転倒の心と言い、一遍に至っては「第一の怨」としたものである。では、一体どのような心で見ることがありのままに見ることとであろうか。それは同じ一遍が「一心の本源は自然に無念なり」と言ったように、妄りに起こる心を除き（無念）、本源の心、すなわち誰もがすでに有している**明明たる本心**、あるいは**自他差別なき一心**を通して見ることなのだ。それを親鸞は**只そのままの心**と言い換えるが、その心を知ってわれわれ人間は悟りを得、仏とも成るから**只そのままの心、即心仏性なり**と言ったのだ。**只そのままの心**を一休宗純は「うまれながらの心」と呼ぶ。

　そのままにうまれながらの心こそ
　ねがはすとても仏なるべし

『一休道歌』

　生まれながら誰もが具えている本有の心（**本心**＝**一心**）が仏に他ならないという意味であるが、その心上に妄念（心）が起こるとたちまちわれわれは六道・四生に迷う常没の凡夫となる。しかし、生まれながらの心は**無明の煩悩に汚されざる明明たる本心**であり、**自他差別なき一心**として、われわれの心の本源に常に存在するものなのだ。そして、仏というのもその心のことであり、われわれは本来仏でありながら、ゆくりなくも生々死々を繰り返す迷道の衆生に甘んじているのだ。

　真理に目覚める、つまり虚妄から真実を明らかにするのはわれわれが**自他差別なき一心**（より正しくは三心平等の**一心**）を知る時であるから、親鸞は自らの宗教を**一向一心の宗旨**と言い、「**一向一心といふは生死善悪を離れ、神通加持にも心をよせず、自他差別なき一心といふことなり**と纏めているのだ。

一心（本心）はわれわれの心の本源（心源）であるとともに、万物の基底でもある。人間も万物もその本性（それを**仏性**という）は無において一つであり、ただ形態が違うだけなのだ。従って、**即心仏性**と覚れば、万物の本質をも覚ることになる。人間だけではなく、動物や草木を含む全宇宙がもとより一なる真理（真の法界）の現れに過ぎないと知るのだ。もっと言うなら、**自他差別なき一心**を覚れば、あなただけが仏に成るのではなく、他者はもとより、見るものすべてが本来仏であったと知るのだ（一切万法悉皆成仏）。始めから名もなければ形もなく、いかなる属性も持たない仏（親鸞が阿弥陀仏と呼んだもの）だけが存在している。そうして、あなたはそれなのだ（tat tvam asi）。

この見るもの（私）と見られるもの（人・物）が一仏に帰する時、あるいは無において一つになる時、私は万物を映し出し、万物は私を映し出す。それを白隠は「万物を見ること自己の面を見るが如し」と言ったが、自己の中にすべてのものを見、すべてのものの中に自己を見ている。この一なる体験（開仏知見）を悟りの体験というが、**自他差別なき一心**の悟りにおいて万物同根となった境地において見ることが真実をありのままに見ることであり、かくして「真実を見るものは解脱する」のである。趙州の「庭前の柏樹子」は見るものすべてが仏ならざるはない、悟りの心（**一心**＝**本心**＝仏心）から発せられた覚者の言葉であったのだ。

このように主客（自他）の関係で見る衆生眼ではなく、すべてを一なるものとして見る知の働きが**仏性**（仏慧）であり、それは全く新たに目覚めた知性（仏知見）なのだ。そこにはわれわれの主観（妄心）が捉えた美醜の判断が入る余地はなく、すべてはその彼方にある無の美しさなのである。分かりやすく譬えで言えば、七色すべてを含む無色の光として美そのものなのだ。それが純粋に見ることであり、そこには見る私（心）は存在せず、見ることのみがある。**花を花と見、月を月と見る**という何でもない言葉の中に実は悟りの智慧が隠されているのだ。

本来、文学をはじめ芸術活動というものは、この名もなければ、形もないそれを描こうとする努力なのだが、その表現手段として一般に用いられる言葉や形（フォルム）、また色や音もそれを捉える（描く）ことはできない。というのも、いずれの表現方法もすべては心のフィルター（妄心）を経たものであり、多様性の世界を描くことはできようが、一なる無の世界を描くことはできない。七色を駆使して無色の光に迫ろうとしても、それを色では表現できないといえば、少しは理解していただけるかもしれない。どんなに優れた芸術家であっても、他ならぬ彼が選んだ表現手段が最後のバリアーとなっていることが理解できないまま、それに迫ろうとすればするほど、やがて待っているのは狂気であり、ときに自殺という最悪の結末ともなるのだ。

このように、一なる世界（一法界）は、無名・無形の世界であり、また言葉も及ばない沈黙の世界であるがゆえに、それ（真理）を表現する（描く）ことは誰にもできない。それどころか心のフィルターを除かない限り見えてこない世界なのだ。しかし、心は見るもの（主）と見られるもの（客）に分けていた張本人であるから、心が除かれると見る私も、見られる物も共に消えて、そこにはないだろう。つまり、物をいまだ対象的に捉えている限りそれは見えていないということになる。そして、それに近づこうとして努力すればするほど、ますます対象の輪郭は曖昧になる矛盾の中に表現する者の超えるに超えられない最後の一線があるのだ。そこに踏み留まってあくまで表現にこだわるのが芸術家であるとするならば、それを超えたところから語るものが覚者なのである。といっても、言葉を尽くして語り得るものでもないと知っての上であり、ときに覚者が沈黙を守る理由がここにある。

ともあれ、真実とはわれわれの心が知るものではなく、心（妄心）が消え去るとき見えてくるものなのだ。つまり、主客（自他）の二元論的な思考（心）が真実を捉えることは事の道理としてあり得ない。心が消え去る主客未分のところが真実であり、ありのままに見るとはこの主客未分の**自他差別なき一心（本心）**で見ることなのだ。しかし、それを見るということはあっても、それを表現するとなると、もはやそれではなくなってしまうという矛盾なのだ。だから趙州が、ただ「庭前の柏樹子」と、答えにならない解答しか与えなかったことは、ある意味で、多言を弄して語り得る真理（それ）ではもとよりないという彼の慈悲心からでた一言であったと解することもできよう。

ナグ・ハマディ文書が「光と闇、生と死、右のものと左のものは互いに兄弟である。それらが相互に引き離されることは不可能である。だから、善きものも善いわけではなく、悪しきものも悪いわけではなく、生も生ではなく、死も死ではない」と言ったように、もとよりそこは**生死善**

悪などという観念すら存在しない一真実の世界であり、またそれゆえに言葉（思考）を超える本源の世界なのだ。このように、真実と虚妄はわれわれの心の有り様と深く関係しており、悟りも成仏もすべてはわれわれが生まれながらに本来有している**自他差別なき一心（明明たる本心）**を開発する一瞬（一念）であり、**只そのままの心**が仏（**即心仏性**）であるがゆえに親鸞は**この外何事かあらん。悪しく心得て、深きに陥ることあさましき次第なり**と言ったのだ。

第三章

常々阿弥陀仏と唱えて往生を願ふ。その阿弥陀仏とは、我が心の異名なり。然《しか》あれば念仏は、我が心を呼び返し呼び返し、散乱の心を止むるがための方便なり。斯《かく》の如く念仏修行の心を知るものは、心もさながら朗らかなり。

1　阿弥陀仏は我が心の異名

明明たる本心（第一章）、あるいは**自他差別なき一心**（第二章）を根本に据えているのが親鸞の教義（宗旨）の基本であり、**本心**あるいは**一心**を知ることが悟りともなれば、また仏とも成るがゆえに**即心仏性**であった。そのために**常々阿弥陀仏と唱えて往生を願ふ**というのが、彼の方法論であることは、次の引用からも明らかである。

他力真実のむねをあかせるもろもろの聖教は、本願を信じ念仏まうさば仏になる、そのほか、なにの学問かは往生の要なるべきや。

往生とは、サンサーラの世界（穢土）からニルヴァーナの世界（浄土）に生まれることであり、その実践的方法が親鸞の場合、**常々阿弥陀仏と唱えて往生を願ふ**ということなのだ。その阿弥陀仏は別名無量寿仏というが、それはわれわれが考えるような時間的に無限のいのち（寿）を有するということではなく、不生不滅という意味において永遠のいのちであり、そのいのちに目覚めるとき、もはや再び生を享けることはないというので曇鸞（四七六―五四二）は「無生の生」、空海は「不生の生」と言った。つまり、往生とは生々死々を繰り返すわれわれの生に対して、生まれることがないがゆえに（不生）、死ぬということもない（不死）、そういう意味において永遠の生に目覚めることであり、同じ生という言葉であっても、その内実は全く異なるのだ。

過去に輩出したであろう多くの覚者と呼ばれる人たちはそのような生（不死の境地）を知って、生死に迷うわれわれ衆生が如何にすれば「無生の生」、あるいは「不生の生」に目覚め、仏と成るかを考えてきた。しかも煩雑なものではなく、可能な限り修し易いものは何かを模索してきたが、その方法論において違いはあっても、人間が本来有している**本心（一心）**に目覚めるというところでは一致していた。そして親鸞の場合、成仏、同じことであるが、往生するための方法（方便）が称名念仏であったのだ。しかし、これが意味するものは何かを明らかにしなければならない。

それには、親鸞が**阿弥陀仏とは、我が心の異名なり**と言ったことがとても重要な意味を持ってくる。ここには二つのことが考えられるが、一つはもちろん阿弥陀仏とはわれわれの心に他ならないということ、もう一つは阿弥陀仏がわれわれの真の主体（主人公）であるということだ。まず、阿弥陀仏が**我が心の異名**であるとはどういうことかを考えてみよう。

ややもするとわれわれは阿弥陀仏を信仰（帰依）の対象として、われわれの外側に立てる傾向にある。何と言っても、われわれは今、生死に迷う迷道の衆生であり、浄土教的に言えば、不取正覚の誓いを立てた仏（阿弥陀仏）に救いを求めるのでなければ、とても往生（悟り＝成仏）などありえないという理解に由るものだ。ところが親鸞は、われわれの心が阿弥陀仏（阿弥陀如来）であり、さらに「真実は阿弥陀如来の御こころなり」（『一念多念文意』）と言う。すると、真実はわれわれ自身の心ということになるだろう。もちろん、心といっても、それは**明明たる本心**、あるいは**自他差別なき一心**を指しており、その心が阿弥陀仏であるということだ。ところが、われわれは今その心を知らず、心と言えば、良くも悪くも妄りに起こる妄心であり、そのためにわれわれは徒に生まれ、徒に死を繰り返しているのだ。親鸞は、『要文』の中で、われわれを生死輪廻の絆に繫ぎ止めている心を**散乱の心**と呼ぶが、何の脈絡もなく、妄りに起こる妄心と意味は同じである。もちろん、妄心がそうであったように、**散乱の心**といっても、われわれが日常的に心と呼んでいるものであり、心理学が扱っているのもこの心なのだ。このように親鸞は、心を**明明たる本心**と**散乱の心**の二つに分けるが、以後、時に応じ、二つの心を簡潔に**本心**と**散心**と呼ぶことにする。

衆生の生死に輪廻するは、意縁走作し、心六道において停らずして、種々の苦を受くることを致す……人天地獄、六道修羅も尽く心に由って造らるる。

黄檗『宛陵録』

意馬心猿の如く、落ち着きなく妄りに動く**散心**（妄心）ゆえに、天国から地獄までさまざまな世界が現れ、かえって心は種々の苦しみを受けているのだ。黄檗が、人・天・地獄をはじめとする六道輪廻の世界はわれわれの心（**散心**＝妄心）ゆえに生じてくるとしたことは充分に注意されていい。それを「自心所現の幻境」と『楞伽経』は纏めたが、人間界をはじめさまざまな世界はわれわれ自身の心に由って立ち現れてくる幻影の世界（幻境）であるという意味である。「生死はただ心より起こる」（『華厳経』）だけではなく、六道輪廻の世界もまた心から現れた幻影の世界（妄境界）なのだ。しかし、その一方で、われわれには**本心（一心）**もあり、その心が仏（阿弥陀仏）に他ならないということだ。

空海もまた「如来はすなわちこれ本心なり」（『一切経開題』）と明確に述べているように、われわれの**本心**が仏（如来）なのだ。しかし、われわれはそれを知らず、客塵煩悩に過ぎない**散心**（妄心）に惑って、生々死々を繰り返している。そして、悟り（菩提）というも、また成仏というも、この内なる**本心**に目覚めた人のことであるがゆえに、空海は「本心を菩提と名づけ、また仏心と名づく」と言ったのだ。仏というと、どうしても釈尊の苦行や禁欲生活を連想し、戒律を守り功徳を積んだ人の如く思われるかもしれないが、それこそ自力（の心）であって、この**本心**

（一心）が仏であるから、どんなひともその心を覚って仏となるのだ。だから、親鸞は初めに**人の貪、瞋、痴の三毒に惹かるる剛強の自力（の心）を捨てて、無明の煩悩に汚されざる明明たる本心に基づく**のでなければ**永劫を経るとも仏果に至り難し**と言ったのだ。

親鸞において、他力とは一義的には阿弥陀仏（が生死に迷うすべての衆生を救い取らんとする願い、すなわち本願力）を指しているが、**その阿弥陀仏とは、我が心の異名**であるから、他力とは阿弥陀仏のことでありながら、その実、われわれが本来有している**明明たる本心（自他差別なき一心）**ということになる。一方、自力とは**貪、瞋、痴の三毒**に惑い、妄りに起こる**散心**（妄心）でもって仏に成ろうとすることだ。ここまで読み進むと、第一章冒頭の**我が宗において自力を捨てて他力を取る**とは**散心**を捨てて**本心**を取るというように纏められるであろう。

2　自己認識

宗教が自己認識の問題であることは、禅とキリスト教を比較検討した前著（『自己認識への道』）において論じたので、詳しくはそれを見ていただくとして、ごく手短に自己認識について言えば、われわれが自分という場合、一義的には身心を指しているが、それは仏教がいう仮我（五蘊の仮我＝世俗の我）であるから、ただそれを知るだけでは真の自己認識には当たらない。それにもかかわらず宗教（仏教だけではない）は自己を知ることの大切さを説いてきた。そして、真の自己（真我＝真実の我）を知る者とそうでない者の間には天地の隔たりがあることをキリスト教（グノーシスの宗教）は次のように言う。

自己を知らない人は何も知らないことと同じだ。しかし、自己を認識した人は同時に存在の奥義を知ることになる。

『闘技者トマスの書』

宗教とは自己認識を通して、人間をも含む存在の奥義を知ることであって、その逆ではない。例えば、われわれは自己を知らなくとも、世に知られうる識者や学者ともなり得るが、自己について無知であることはただ自己を知らないという一事にとどまるだけではなく、人間にとって、それは根本的な無知（根本無明）を表している。この無知こそ宗教がいつの時代も糺そうとしている第一の関心事なのだ。

己をかえりみて、己を知れ。たとえ学文（学問）をひろくしていかほど物を知りたりとも、己を知らずば、物知りたるにあらず。

正三『盲安杖』

「己をかえりみて、己を知れ」という正三の言葉は、宗教が自己認識の問題であることを端的に示しているが（ついでに言えば、デルポイの神殿に掲げられた「汝、自らを知れ」も同じ文脈にそっていわれたものである）、彼もまた、学問をどれだけ深く究めようとも、あなたが自己自身を知らないとしたら、あなたは無知以外の何でもない、と言い切る。

ここには、いわゆる学問というものが人間にとってどの程度のものであり、たとえ学問に一生を捧げ、名なり功を成し遂げたとしても、あなたはこの生を無駄に使い果たし、無知のままこの世を去ることもあり得るということだ。イエスはそんな人たちを「彼らは空でこの世に入り、再び空でこの世から出ようとしている」（『トマスの福音書』）と言ったが、あなたは人間として生まれたにもかかわらず、自分にとって本当に知るべきは何かを知らないまま人生を終えることがあるのだ。

キリスト教も仏教も、自己を知らなければ、無知に等しいというのであるから、教育に携わるもの自身が自己認識の本当の意味を知らないとしたら、一体、教育とは何かを考えさせるヒントにもなろう。ただ知識と技術の習得、さらには独創性と創造性を育む教育であっても、それさえも無知と言い切る彼らの指摘を、今日われわれはよく考えてみる必要があるのではなかろうか。

さて、もう一つの阿弥陀仏がわれわれの真の主体（主人公）であるとはどういうことであろうか。先にわれわれは、四大・五蘊からなる人間のどこにも「我」とか「主」といわれるものは存在しないとしたが、それにもかかわらずわれわれは仮に和合した「五蘊の仮我」として今ここに存在している。しかも、生死に迷う迷道の衆生として存在している。四大・五蘊からなるわれわれの身心に本来、私（主）というものがないことを、仏教は無我（人無我）というが、本当に誰もいないのかというと、そうではなく、われわれの内側には何か、あるいは誰かがいる。

地・水・火・風の仮の縁、合して形をむすぶ。さらに我ものにあらず。四大（身体）に著する時は四大我をまどわす。かえすがえす四大にまどわさるゝことなく、きわめてみよ。一個の我有り。これまた我にあらず。四大を離れて四大に属し、四大につれて四大を用たり。古人の云、「物有り、天地に先だつ。形なくして、本より寂寥《せきりょう》。よく万像の主となって、四時を逐《お》って凋《しぼ》まず」

正三『盲安杖』

われわれはまず、地水火風の四大が仮に形を結んだ身体を私と見なしているのであるが、正三はそこに本当に私といえるようなものは存在しないばかりか、かえって四大の仮和合に過ぎない身体に惑い、執着するがゆえに徒に生々死々を繰り返していると見ているのだ。人間(human)の語源はラテン語のhumusであるが、これには四大の一つ土(地)という意味がある。土で造られたものはいずれ土に返るということだが、そこに真に私(主人公)といえるものは存在しないということだ。

そこで、ただ知的に理解するだけではなく、この身体の内側に私(主)といえるものが実際に存在するかどうかを深く究めてみなさい。そうすると、もう一人の私(一個の我)が存在することを知るだろう、と彼は言う。もちろん、それはわれわれが日常的に私と呼んでいるものではないが、さりとてわれわれの身体(四大)を離れて存在するものではなく、身体を通して常に働いている何か、あるいは誰かなのだ。正三は古人の言葉として、それは天地(宇宙)の創造に先んじて存在する、名もなければ、形もなく、迷悟の彼方にあって、不動を保ちながらあらゆる現象の主体として永遠にとどまり、もとよりそれだけが存在していると言う。この名もなければ、形もないそれを親鸞は仮に無上仏と呼び、また阿弥陀仏と言ったのだ。そして、あなたはそれなのだ（tat tvam asi)。

> 無上仏と申すは、形もなくまします。形もましまさぬゆえに、自然とは申すなり。形ましますと示すときは、無上涅槃とは申さず。形もましまさぬようを知らせんとて、はじめに弥陀仏とぞ聞きならいて候う。
>
> 親鸞『正像末和讃』

われわれが成るべきは無上仏であり、それには形がなく、われわれは無仏、有仏いずれのところも超えていかなければならないのだ。しかし、それは形なきものであるからといって、空疎なものではなく、それこそ創造に先立ちて存在するものであり、自然に然らしむ「万像の主」であり、春夏秋冬（四時）に凋むことなく、時空を超えて偏在するものである。そして、それを知ることによって、われわれは生死の流れを廻らして、涅槃（無上涅槃）の世界へと帰って行く。この形なき「一個の我」に付せられた本来名もなきものを仮に阿弥陀仏（如来）と呼んだのであり（臨済も「ただ仏を求めんと擬するも、仏はこれ名句なり」と言う）、それはわれわれの心（**本心＝一心**）を離れて存在するのではないから、親鸞は**その阿弥陀仏とは、我が心（本心）の異名なり**と言ったのだ。しかしそれは今、妄りに起こる**散心**（妄心）ゆえに見えていない。この真の自己（主人公）を臨済は真人と呼び、白隠は真身と言った。

赤肉団上に一無位の真人有って、常に汝等諸人の面門より出入す。未だ証拠せざる者は看よ、看よ。

悲しい哉、如来清浄の真身は、煥爛《かんらん》として目前に分明なること掌を見るが如くなれども、慧眼すでに盲たる故に、すべてこれを見たてまつること能わず。

『臨済録』

白隠『遠羅天釜続集』

臨済も白隠もこの形なき真の主人公（本来の面目）は、常にわれわれの目前に存在するにもかかわらず、われわれにそれは見えていない、と言う。真人も真身もわれわれの本当の主人であるにもかかわらず、それを知らず、ただ仮我に過ぎない身心（五蘊の仮我）を自分と見誤り、それこそ死ぬまで執着する。すると、われわれの目（先に「衆生眼」といったもの）は多くのものを見てはいるが、本当の自分自身が見えていないということになる。つまり、真の自己認識に欠けるということだ。

イエスもまた弟子たちに、「あなたの目の前にあるものを知りなさい」（『トマスの福音書』）と言ったが、イエスの目には見えていながら、彼らの目には見えていないものがあるということだ。もちろん、事情はわれわれも同じで、目は開いているのに見えていないものがある。しかも、面前にあるものが見えていないというのであるから、われわれの目はなんと粗雑な代物であろうか。逆に言うと、覚者（イエスやブッダ）のように、われわれが見る確かな目を持っていたら、真実なるものが眼前に了々と顕われてくるだろうが、それを知らないわれわれはたとえ学問を積み、いかほど物知り顔に見えようとも無知に過ぎず、自他ともに迷いを深め、生々死々を繰り返す迷道の衆生に過ぎないと宗教は見ているのだ。

いたずらに嘆き、いたずらにかなしみて、人も迷い我も迷わんよりは、はやく三界苦輪の里を出ずれば、生死なき本分に帰るなり。

『一遍上人語録』

人の嘆きと悲しみを徒ごとと言う一遍は、一体、如何なる人物であったのか。おそらく、人間の愚かさと無知を徹底的に知り抜いた覚者であったろう。それは道元が「広劫多生のあいだ、いくたびか徒に生まれ、徒に死せしに」と言ったように、生と死さえもわれわれ人間にとって徒ごとなら、その間（あわい）で起こるどんな出来事（事件）も徒ごとであることを思わせる。しかし、悲しいかな、われわれ人間にはそれが理解できないのだ。本当に悲しむべきはその無知であって、個々の出来事ではないことがどうしても分からない。例えば、不幸な事件などに巻き込まれると、きまって何も悪いことはしていないのにどうしてとよくいうが、問題は善し悪しではなく、存在そのものなのだ。

「三界苦輪の里」とは親鸞が「久遠劫よりいままで流転せる苦悩の旧里」（『歎異抄』）と呼んだものであり、われわれが今いるところは生死輪廻する苦悩の世界であるということだ。だから一遍は、本当の苦源（空海の言葉）も分からないまま、我も人も徒に嘆き、徒に悲しむよりは「生死なき本分」の世界へと帰って行きなさいと勧めているのだ。本分の世界を彼の言葉で言い換えれば、「法性の都」、あるいは「真の法界」ということになろうが、実際は、われわれの心の本源（心源＝**本心＝一心**）へと帰って行くことだ。そこはまた**我が心の異名**である阿弥陀仏に他ならず、それは生もなければ死もない、もとより法爾として存在する主人公であるがゆえに永遠のいのち、すなわち無量寿なのだ。それを知って初めてわれわれは二元葛藤する生死の世界（サンサーラ）から涅槃の世界（ニルヴァーナ）へと帰って行くことができるのだ。

宗教というと、人の嘆きや悲しみを癒す駆け込み寺のように考える人がいるが、果たしてそうであろうか。むしろ私は、身を切られるような悲しみや怒りもわれわれ人間の無知（無明）の結果に過ぎないと、その根本原因（苦源）を躊躇うことなく指摘してくれる真の宗教者こそ現代に必要ではないかと考えている。いやしくも僧衣を身に纏う宗教者なら、その場限りの慰めごとで済ますのではなく、道元や一遍の言葉が示すように、人の世の混乱と矛盾の根の深さに身を侍して耐え、軽々に多言を弄すべきではないと思う。まして人に取り入るような戯言を吐くぐらいなら、沈黙を守った方がいい。

というのも、悟りを開いた釈尊がしばらく法（教え）を説くことを躊躇したように、世間が求めているものと出世間の法（広くは、宗教が説く真理）はそもそも相いれないものであるからだ。出世間の法（仏の道）を説きながら、いつしか世間（人の道）に堕しているいわゆる宗教者を見るにつけ、その場を繕うばかりでは、人の世（世間）の混乱は収まるどころか、問題はさらなる問題を生み、とても根本的な解決にはならないばかりか、問題の所在すら分からなくなるであろうことを、私は蛇足ながら言い添えておきたい。

3　真仏・真土

衆生にまた本覚法身あり、仏と平等なり。この身この土は法然の有なりのみ。三界六道の身及び土は、業縁に随つて有なり。これを衆生の随縁と名づく。

空海『声字実相義』

空海は、自己（身）と世界（土）には、もとより法爾として存在する身土（それを彼は「法然の有」と呼ぶ）と、われわれ衆生の業（カルマ＝業縁）に随ってさまざまに現れてくる身土（それを「随縁の有」、簡単にわれわれの「経験世界」と呼んでもよい）の二つがあると言う。分かり易く言えば、われわれにはもとより仏と平等の身体（本覚法身＝如来清浄光明の真身）があり、それに相応しい世界（一法界＝真の法界）もあるが、われわれ衆生が作るカルマ（業縁）に因って現れてくる三界・六道の経験世界がもう一方にあり（私はそれを「共同幻想の世界」と呼んだ）、そこを転々と巡っている身体もあるということだ。

その身体を空海が「六道の苦身」と呼んだことはすでに述べたが、もちろん仏教はこの業縁の世界（虚妄の世界）から法爾の世界（真実の世界）へ、六道の苦身（人）から本覚の法身（仏）へと帰る術を説こうとしているのだ。そして、そこに辿り着いた者を仏（覚者）と呼び、法爾として存在する身土（法然の有）を知らず、自らの業（行為）に随って、世々生々に迷っているわれわれ人間を衆生というのだ。空海が二つに分けた法爾（法然）として存在する身土を親鸞は真仏・真土と言う。

謹んで真仏土を按ずれば、仏（真仏）はすなわちこれ不可思議光如来なり。土（真土）はまたこれ無量光明土なり。

親鸞『教行信証』

真仏とはわれわれが真に依るべき仏を、また真土とはわれわれがいずれ帰るべき一真実の世界（法性の都）を指している。真土（真実の世界）があるならば仮土（虚妄の世界）もあるが、仮土はわれわれの行為（業）に善悪さまざまあるように、無数にある。この世界、より正しくはわれわれが現在捉えている（見ている）経験世界もまた仮土の一つであり、われわれは仮象に過ぎない三界・六道の世界を自らの業縁に随って独り往来しているのだ。

真仏とはもちろん阿弥陀仏のことであり、その仏は無量寿仏であると同時に無量光仏であるから不可思議光如来とも呼ばれる。阿弥陀仏は時間的に寿命無量であるように、空間的に無辺（無限）であるから光明無量という。もちろん、寿命が無量であるとはわれわれが考える意味で、いのちが時間的に無限であるということではなく、時間を超えた存在ということであったように、光明が無量であるということも、われわれが捉えている無限の空間（宇宙）という意味ではなく、時間・空間を超え、法爾として存在する真土（世界）を指している。要は、阿弥陀仏はわれわれが捉えるような時・空には収まらないものなのだ。

蓋《けだ》し光明と世界と両般の会を成したまうべからず。悟るときは、十方世界草木国土を全ふして、直に是れ如来清浄光明の真身とし、迷うときは如来清浄光明の真身を全ふして、錯《あやま》って十方世界草木国土とす。

白隠『遠羅天釜続集』

「光明」とは悟りの世界（ニルヴァーナの世界＝法然の有＝真土）を、「世界」とは迷いの世界（サンサーラの世界＝随縁の有＝仮土）を表しているが、白隠もこれら二つの世界（両般）がそれぞれ別々に存在すると考えてはならないという。というのも、われわれが無明の闇を除き、覚るならば十方世界、草木国土、見るものすべてが「如来清浄光明の真身」を顕わし、涅槃常楽の世界となるが、迷えばわれわれはその真身（同じく真仏）を翳して、見るものすべてが六塵の娑婆世界（妄境界）になるということだ。簡単に言えば、覚れば見るものすべてが真実（法然の有）となるが、迷えばすべてが虚妄（随縁の有）となる。また、白隠は仏身（真仏）と光明世界（真土）を分けることなく、仏身即光明世界と理解しているが、親鸞においても、やはり真仏・真土があるのではなく、真仏土という時・空を超えた自然法爾の世界があるということだ。そして、迷うとき、ここは本来一真実の世界（真土）であるにもかかわらず、そうと見て取ることができないだけではなく、自らを生死に迷う衆生と思い（もっとも、殆どの人はそうという自覚もないのだが）、自らが本来仏であることが分からないまま、さまざまな業（カルマ）に縛られて、三界虚妄の世界（仮土）を彷徨うことになるのだ。

悲しき哉、人々如来の智慧徳相を具足して、少しも欠くことなく、箇々の真土に住みながら、慧眼すでに盲たるゆえに、娑婆なりと見錯り、衆生なりと思い違う。

白隠『遠羅天釜』

この世界は本来光明の世界（真土＝涅槃の世界）であるにもかかわらず、われわれは現在、真実を捉える目（慧眼）を失い、誤って（迷って）、虚しく生死輪廻する娑婆世界（仮土＝生死の世界）に淪んでいる。端的に言えば、われわれが今世界として捉えているのは、われわれの錯誤（妄想転倒の心）が捉えた虚妄の世界（妄境界）に過ぎないということだ。従って、世界が二つあるというのではなく、覚ればこの世界は仏土（真土＝浄土）となるが、迷えば六道・四生を彷徨う穢土（仮土）となる。つまり、娑婆即浄土ともなれば、浄土即娑婆ともなるということだ。

如来とは親鸞のいう阿弥陀仏のことであり、われわれはこれから知識を増やし、功徳を積んで仏に成る（成仏する）というのではない。すでに必要なもの（如来の智慧徳相）はもとより**本心**に具わり、欠けるものは何もない。というのも、**その阿弥陀仏とは、我が心（本心）の異名**であるから、これから仏に成るということではなく、妄りに起こる**散心**（妄心）が光明の真身（真仏）を翳しているだけなのだ。それればかりか、もとよりここは無量光明土（真土＝仏土）であるのだが、われわれの心の盲目（無明）ゆえにそれが分からず、生死際なき三界虚妄の世界（娑婆）と嘆き、また衆生本来仏ということを知らず、自らは生死に迷う衆生と我が身を託つ。

六年にわたる修行の結果、悟りを開いたとされる釈尊にとって、この世の見るものすべては美しく、欠けるものは何もない。いわば仏土（浄土）と映っている。しかし、われわれの目にはとてもそうは見えていない。むしろ穢土（娑婆）といった方がふさわしいのではないかと弟子の舎利弗が疑問に思っていると、

仏、其の念を知りて、即ち之れ（舎利弗）に告げて言《のた》まわく、「意に於いて、云何《いか》ん。日月豈《あ》に浄からざるや。而も盲者は見ず」。対《こた》えて曰わく、「不《いな》なり。世尊よ、是れ盲者の過《とが》にして、日月の咎《とが》に非ず」。「舎利弗よ、衆生の罪なり。故に如来の仏土の厳浄なるを見ざるも、如来の咎には非ず。舎利弗よ、我が此の土は浄けれども、汝は見ざるなり」。

『維摩経』

と釈尊は彼に例を示しながら易しく諭している。この世は浄土（真土＝仏土）であるけれどもそう見えていないのは、あなたの咎（罪）、つまり「慧眼すでに盲たるゆえに」、娑婆なりと見錯っているということだ。それは丁度、太陽や月の光が輝いていても、目の不自由な人にとって闇しか映らないように、そうと見ることができないのはわれわれ人間（衆生）の側に問題があるということで、釈尊は「我が此の土は浄けれども、汝は見ざるなり」と結んでいるのだ。

この問答からも、今われわれが捉えている世界は、われわれが本当にあるべき場所（真土）ではなく、われわれの目（衆生眼）に映った虚妄の世界（娑婆＝仮土）に過ぎないと分かるであろう。否、魔郷であるかもしれないのだ。仏教（宗教）が、こんなところで如何に悔いのない人生

を過ごすかなどを説いているのではないという理由がここにある。さりとて、ここ（娑婆）を離れたどこか遠くにわれわれが帰るべき世界（浄土）が在るというのでもなく、娑婆即浄土ともなり得ることを、釈尊は自らの体験に基づいて説いているのだ。

法然の言葉を借りるならば、われわれには二つの家がある。一つは「生死の家」であり、もう一つは「涅槃の城」である。もちろん、あなたが生死の家（娑婆＝随縁の有）に留まっていたいなら、それもいいだろう。宗教はそういう人のためにあるのではなく、生死の家の本質は何かを見ぬき、親鸞や慧能のように、生死出ずべき道を求め、涅槃の城（浄土＝法然の有）に帰っていこうとする人のために用意されているのだ。つまり、生死の家（仮土＝随縁の有）を離れ、涅槃の城（真土＝法然の有）に帰ろうとする人たちのものなのだ。

西方寂静無為の楽《みやこ》は、畢竟逍遥して有無を離れたり。大悲、心に薫じて法界に遊ぶ。（中略）いざなん、魔郷には停まるべからず。曠劫よりこのかた六道に流転して、ことごとくみな径《へ》たり。

親鸞『教行信証』

法爾として存在する世界（真土＝法界）を親鸞は「西方寂静無為の楽」（元は善導の言葉）と言ったのだが、われわれは始めとて分からない遠い過去から、ここが魔郷とも知らず、六道輪廻の世界をことごとく経てきた。その間に受けた生死の苦しみは数知れず、もう充分ではないのか。ところが、われわれには生とは、死とは何かが全く理解されていないために、もとより生死を離れ、仏と成る（道元の言葉）という観念すらない。それゆえ生死流転の家から涅槃の城に帰ろうとするはずもない。たとえあったとしても、白隠の生きた時代、念仏の行者の中には、『阿弥陀経』に「これより西方に、十万億の仏土を過ぎて世界あり、名づけて極楽といふ。その土に仏まします、阿弥陀と号す。いま現にましまして法を説きたまふ」とあるように、文字通り、この世界を去ること遥か彼方に極楽世界があって、そこに仏（阿弥陀仏）がましますと信じるものがいたようだ。しかし、白隠は、西方（真土）とはわれわれ自身の心の本源（心源）であると言う。

悲しむ所は、今時浄業の行者、往々に諸仏の本意を知らず。西方に仏在りとのみ信じて、西方は自己の心源なりということを知らず。

白隠『遠羅天釜続集』

白隠は、心の本源（心源）こそ仏（阿弥陀仏）のおわしますところであり、われわれが帰趨すべき世界（涅槃の城＝西方浄土）もまたそこに拓かれてくると、浄土門の人々（浄業の行者）の過ちを正しているのだが、すでに親鸞が**その阿弥陀仏とは、我が心の異名**と言い、また**必ず仏は遠きにあらず、還って我が心に立ち進むべきこと**と言ったことからも、それは明らかなことである。

われわれが帰趨すべきは心の本源（心源）であることを補足するために、再び『起信論』を取り上げてみよう。『起信論』は心を妄心と真心、心と心性に分けたが、さらに心を心と心源の二つに分ける。もちろん、それらは親鸞が心を**散心**と**本心**の二つに分けたことに対応しているのだが、心源は本より浄いということで本源清浄心、あるいは自性清浄心ともいわれる。そして、心源を知ることが『起信論』における悟りを意味し、われわれが知るべき究極のもの（究竟覚）を知ったことになるとした。

　心源を覚するを以ての故に究竟覚（悟り＝仏）と名づく、心源を覚せざるが故に究竟覚に非ざればなり。

『大乗起信論』

　心源を知ることが悟りであり、それを知って人は仏とも成る。親鸞が**必ず仏は遠きにあらず、還って我が心に立ち進むべきこと**と勧めるのも無理なく理解されよう。では、心と心源、あるいは**散心**と**本心**はいかなる関係にあるのだろうか。心源は心の本源という意味であるから、二つは離れて存在しているのではないが、さりとて同じとはいえない。なぜなら、われわれが普通に心と呼んでいるものは心源から妄りに湧き起こる妄心（**散心**）であり、その結果われわれは生死に迷う常没の凡夫に甘んじているのに対して、本源清浄心はいかなる心（妄心＝**散心**）によっても汚されることのない真心、すなわち**無明の煩悩に汚されざる明明たる本心**であり、あらゆる仏（如来）の知恵・徳相を具えた悟りの心そのものである。このように、われわれが帰趨すべき生の源泉を『起信論』は心源と呼んだが、禅の修道の階梯を視覚的に表した『十牛図』は、それを「真源」と呼ぶ。

　それ諸仏の真源は衆生の本有なり。迷いに因るや三界に沈淪し、悟りに因るや頓に四生を出ず。ゆえに諸仏として成るべき有り、衆生として作るべき有り。

廓庵『十牛図』

真源は仏（諸仏）だけではなく、われわれ人間（衆生）にとっても共通の基盤をなしているが、真源に迷うとわれわれは三界生死の世界（随縁の有＝妄境界）に沈淪し、悟ればたちまち六道・四生を超えて涅槃の世界（法然の有＝真法界）に遊ぶ。つまり、真源の覚・不覚によってわれわれは仏ともなれば衆生ともなる。そうすると、仏と生死に迷うわれわれ人間の間にはそれほど大きな違いはないことになる。確かに、われわれは今、三界生死の世界（生死流転の家）にあるが、今もなお悟りの源泉である真源を有しているというので「真源は衆生の本有なり」と言ったのだ。そして、仏とはこの真源（心源）に帰り着いた人のことであり、衆生とは内に真源を運びながら、それを知らず、生と死を繰り返しているわれわれ自身のことだ。さらに、真言密教の空海はその真源を「諸法の本源」と言う。

世間の凡夫は諸法の本源を観ざるが故に、妄に生ありと見る。所以に生死の流れに随って自ら出づること能はず。

空海『吽字義』

彼にとって本源は人間だけではなく、存在するすべてのもの（諸法）の根源であり、万象の基盤（gzhi）なのだ。しかし、それを見て取ることができないからわれわれ人間は生死の苦海を浮沈して止むことがない。無始以来われわれが生死の流れ（生死流転の家）を離れることができない根本原因を「諸法の本源」を見て取れない無知にあるとしたことはよく心に留めておかねばならない。

　われわれが生命と呼んでいるものは、生じては消える波のようなものなのだ。波が海から生じ、一時海に支えられ、再び海に消え去るように、われわれの生命もまた永遠なるいのち（それを浄土教は無量寿仏、即ち阿弥陀仏と呼び習わしてきたのだ）に支えられている。さらに、生だけではなく、死もまた永遠なるいのちが存在して初めて起こり得るのだ。北欧の小国デンマークに生まれたキルケゴール（一八一三―一八五五）が「死もまた一切のものを包む永遠なる生命の内部における小さな出来事であるに過ぎない」（『死に至る病』）と言った意味もここにある。

　そして、この事実は、生命の本質はただ生じては消える波を見ているだけでは明らかになってこないことを示している。われわれはその本質を知るためにも、それらの根源に繋がるもの（諸法の本源）を見ぬかねばならないのだ。百数十億年をかけて進化を遂げてきた宇宙の塵（屑）に過ぎない生命を内側深くへと辿ることによって、われわれはその本源に繋がる永遠なるいのちそのものを知ることができるのだ。しかし、自らを波と見なし、自分を取り巻くさまざまな波に伍して、自分にエネルギーを注ぎ続ける限り、つまり自力を恃み、自我を貫き通す限り、あなたは波としての生命しか知らず、いつまでも生死の波に翻弄されることになる。

　そして、空海にとっても、親鸞や慧能と同様、生死出離（生死出ずべき道）が人生最大の課題であり、彼もまた、長夜、苦海に身を淪《しず》めるわれわれ衆生に心仏（心の外に仏はないこと）を覚り、速やかに生死の流れを廻らして本源の世界（法然の有）へと帰って行くことを勧めているのだ。

衆生の体性と諸仏の法界は本来一味にしてすべて差別なし。衆生は悟らずして長夜に苦を受け、諸仏はよく覚つて常恒に安楽なり。この故に、衆生をして頓に心仏（自心の仏）を覚り速やかに本源に帰らしめんがために、この真言の法門を説いて、迷方の指南となしたまふ。

空海『平城天皇灌頂文』

このように、仏というのもわれわれがいうところの心ではなく、心の本源（心源）を指すのであり、それは仏だけではなく、だれもが生まれながらに具えている**明明たる本心（自他差別なき一心）**であり、空海や白隠に至ってはそれを「自心の仏」、「仏心」とまで呼んだものであるから、その違いは歴然としている。

この妙法の仏心の衆生に在りても穢れず減らず、仏に在りても浄からず増さず、仏も凡夫にて在せし時は、一切衆生に少しも違はせたまはで、五欲の泥土に汚されたまうは、さながら蓮の泥中に在るが如し。その後、雪山において、本具の真性を発明し玉ひて、「希有なる哉、一切衆生如来の智慧徳相を具す」と声高に唱え玉ひて……。

白隠『遠羅天釜』

釈尊も凡夫であったときは、仏心については何も知らず、われわれ人間とおなじ生死に迷う衆生であったが、二九歳にして家を捨てて、雪山深くへと入り、三五歳の時、その心を覚って成仏したのである。仏というのもこの心を覚った者に他ならないがゆえに仏心と呼ばれ、それは三心（自心・仏心・衆生心）平等の**一心**でもあった。そして、この心は、生死に迷う衆生の**無明の煩悩**（五欲の泥土）によっても汚されることもなければ、また覚って仏と成ったからといって、その輝きが増すというのでもなく、もとよりわれわれに具わる**本心（一心）**として、いわば不増不滅の真の本性（本具の真性＝仏性）をなしている。親鸞が**必ず仏は遠きにあらず、還って我が心に立ち進むべきこと**と言ったのも、仏とは心に他ならないこと（仏心）、あるいは心の外に仏はないこと（心仏）を踏まえ、心（**散心**）から心の本源（**本心**）へと立ち返ることを勧めていたのだ。

仏教は心をその**本心**（心性）において知ることの大切さを説いている。実際、**本心**を知ることが悟りであり、心の本源以外われわれが辿るべきところなどありはしないのだ。というのも、**本心**（心源）はもとより仏であり、仏とはそれを知って解脱、すなわち生死の流れを超えたものということであるからだ。親鸞が**阿弥陀仏とは、我が心（本心）の異名**と言い、六祖慧能も「自らの本心を識り、自らの本性を見れば、即ち仏と名づく」と言ったのもそのためだ。こう見てくると、親鸞が初めに**無明の煩悩に汚されざる明明たる本心に基づく**のでなければならないとした真意がよく理解されよう。ところが、現在われわれが生きているのは**散心**（妄心）であり、**本心**（心源）を知らないがゆえに、生死の流れを出ることができないでいるというのが彼らの一致した人間理解なのだ。

いずれにせよ、**本心**とはあなたの心の本源（心源）を指しているから、悟りの、成仏のチャンスは、あなたがどこにいようとも、たとえそれが地獄の果てであっても、可能ということになる。それは今生であるかもしれないし、中有（バルド）かもしれないし、また次の世かもしれない。ともあれ、遅い早いの違いはあっても、いずれ帰るべきはあなた自身の心の本源（**本心**）であり、そこに仏は隠れ住まうから、**阿弥陀仏とは、我が心（本心）の異名なり**と親鸞は言ったのだ。

4　唯心の浄土・己身の弥陀

この如来微塵世界にみちたまえり。すなわち一切群生海の心にみちたまえる心なり。草木国土成仏すととけり。

親鸞『唯信鈔文意』

親鸞にとって如来（阿弥陀仏）とは存在するすべてのものに満ちている万象の主である。それこそ「どこを向いてもそこに神の顔がある」（コーラン）といった見者（覚者）と同様、この世は何ら欠けるもののない自然法爾の世界（真土）と映っている。それは最も近いところでわれわれ自身の心（一切群生海の心）に満ちているから**阿弥陀仏とは、我が心の異名**なのであるが、われわれがその心（**本心**）を覚るとき、私一人が覚るのではなく、有情、非情を問わず、存在するすべてのものが本来の姿（法然の有）、すなわち仏土（浄土）と成るから「草木国土成仏す」と彼は言ったのだ。先に白隠が「悟るときは、十方世界草木国土を全ふして、直に是れ如来清浄光明の真身とす」と言ったことを思い出してほしい。

われわれは今、真の仏土（寂光浄土）に住みながら、心の盲目（無明）ゆえにそれが見えず、ゆくりなくもここは生死に惑うサンサーラの世界（生死流転の家＝娑婆）となり、衆生本来仏であることがどうしても理解できない。それというのも、私ごときものが仏心（真如の法性）を携えているなどとんでもないと必要以上に謙《へりくだ》り（浄土門の人々が時に見せる自虐的謙譲）、敢えてそれを知ろうともせず、結局は空しく一生を終える。もっとも、多くの人は人間存在に何の疑問も懐かず、人生七〇年、八〇年をどう上手く生き延びるかを考えることはあっても、ここが「生死の苦海」（親鸞の言葉）であるとも、また自分自身が「迷道の衆生」（一休の言葉）であるなど、ついぞ思ったこともなく、まして、死して後、無間地獄の幻影に苦しむなど、全くもって戯言と取り合うはずもない。

惜しむべし唯心の妙法寂光浄土の真唯中に住みながら、生前には娑婆なりと偏執し、衆生なりと妄想し、死後には地獄なりと見錯り、無間なりと泣き悲しむ事、皆是れ目前に充ち溢れたる妙法の仏心、前後に澄み湛へたる真如の法性を、及びもなき事なり、存じも寄らぬ望みなりと打棄て、筋なき妄想情識の了簡を頼みて、空しく暮らせるより起る事なり。

白隠『遠羅天釜』

われわれはそういう自覚もないまま、生死流転の家を往来する迷道の衆生となっているのであるが、それはわれわれが**本心**（本具の真性）を知らないことによる。そして、浄土とはわれわれの心に他ならないことを「唯心の浄土」（唯心の妙法寂光浄土）という。心（**本心**）はもとより仏（阿弥陀仏）であり、心の本源（心源）が寂光浄土であるにもかかわらず、妄りに起こる妄心（**散心**）に自ら惑い、独り生死の円環を巡っているのがわれわれ人間なのだ。だから白隠は、浄土門の人々に対して、西方浄土とはあなた方自身の心源（**本心**）であるから、どうしても一度は称名念仏に励み、その功力によって、浄土を見届ける（禅的には、坐禅に励み、見性する）のでなければと、強く勧める。

浄家の人々は専唱称名の功力に依りて、是非々々一回唯心の浄土、己身の弥陀の妙相を見届けでや置くべきと、傑烈の大志を憤起し、頭燃を救うが如く、間もなく唱え進みたらんに、仏も去此不遠（ここを去ること遠からず）と説きたまいたるものを、などや七重の宝樹、八功徳池の有様を見届けずやはあるべき。

白隠『遠羅天釜』

禅であれ浄土であれ、その方法論は異なるけれども、その辿るべきところ、あるいは見届けるべきはあなた自身の本性（自性＝仏性）であり、**本心**（仏心）なのだ。それを知るとき、あなたは仏も浄土も遥か彼方（西方）にあるのではなく、あなた自身の内にも外にも広がっていることを知るであろうということだ（去此不遠）。つまり、浄土教が説く真仏・真土はここを離れて在るのではなく、心源（本心）を覚るとき拓かれてくる世界であるがゆえに、親鸞も初めに**必ず仏は遠きにあらず、還って我が心（本心）に立ち進むべきこと**を勧めていたのだ。

禅と浄土が見届けようとする世界（法然の有）は宗教によって色々に表現されるけれども、ここではイエスと弟子たちの間で交わされた興味ある記録を紹介しよう。親鸞が**一向一心の宗旨なりとて、他宗に耳をふたげ、我が宗に偏頗すること誠に愚痴の至りなり**と言った他宗とは、今日では禅や真言など仏教に限らないと私は思うからだ。

イエスの弟子たちが彼に言った、「どの日に御国は来るのでしょうか」。彼は言った、「それは待ち望んでいるうちは来るものではない。『見よ、ここにある』、あるいは『見よ、あそこにある』などとも言えない。そうではなくて、父の国は地上に拡がっている。そして、人々はそれを見ない」。

『トマスの福音書』

浄土門の人々が如来（仏）の来迎を仰ぎ、浄土に心を馳せたように、イエスの弟子たちも神の国（御国・父の国）はいつ来るのだろうと思ったのであろう。その気持ちの現れが、つい「どの日に御国は来るのでしょうか」という問いになったことは容易に察せられる。それに対して、イエスが「それは待ち望んでいるうちは来るものではない」と答えたことは、浄土門の信者にも当てはまるであろう。

釈尊（仏陀）にとってここが浄土（仏土）と映っていたのと同様、イエスにとっても今ここが神の国と映っている。そして、イエスひとりが神の国にいるのではなく、彼の弟子たちもまたその只中にいるが、彼らにはそれが見えていない。しかも、その原因は彼ら自身の欠陥、すなわち

「心の盲目」(無明)ゆえに見えていないのだ(釈尊が、この世が浄土と見えていないのはあなた方の咎《とが》に由ると言ったことと同義)。つまり、神の国は特定できる場所ではなく、われわれの見る能力に掛かっているということだ。

ところが彼らは、今ここに神の国が存在しないなら、より正しくは、自分たちに見えていないなら、それはいつわれわれの前に現前してくるのだろうと思ったのであろうが、人間は本当に自分自身を省みない奇妙な生き物であるようだ。というのも、イエスが神の国は、今この地上に拡がっていると言い、また「御国はあなたがたのただ中にある。そして、それはあなたがたの外にある」(『トマスの福音書』)と念をおしたにもかかわらず、それが自分たちに見えていないとなると、原因は自分自身にあるのではと考えるよりは、どこか別のところに求める。間違っているのは私ではなく、いつも自分以外の何かがおかしいと人間は考える、愚かなことだ。

さて、上述したような白隠の浄土観、あるいは仏陀観は親鸞が最も厳しく退けたものであり、それこそ聖道門と浄土門の分かれるところであると、あなたのはやる気持ちが分からないでもないが、果たしてそう言い切れるものかどうかを確認するために、まず親鸞の主著から、彼がそれについて言及している個所を引用してみよう。

しかるに末代の道俗、近世の宗師、自性唯心に沈みて、浄土の真証を貶《へん》す。定散の自心に迷いて、金剛の真信に昏《くら》し。ここに愚禿釈の親鸞、諸仏如来の真説に信順して、論家・釈家の宗義を披閲《ひえつ》す。広く三経の光沢を蒙《かぶ》りて、ことに一心の華文を開く。

親鸞『教行信証』

要は、自力・聖道門の人々は「自性唯心」に沈んで、他力・浄土門の真の悟り（浄土の真証）がどういうものかを知らず、無下に貶めていると、親鸞は苦言を呈しているのだ。というのも、「自性唯心」とは、具体的には「唯心の浄土・己身（己心）の弥陀」ということであり、われわれの心こそ浄土であり、この身（あるいはこの心）を離れて仏（阿弥陀仏）は存在しないという意味であるから、明らかに矛盾しているように見える。しかし親鸞は、**その阿弥陀仏とは、我が心の異名なり**というのであるから、これらの齟齬を解きほぐすのはそれほど難しくはない。

一体、仏教は、いわゆる心が仏であるとか、仏土（浄土）等と言ったことはない。むしろ、われわれは心に惑って三界虚妄の世界を転々と巡っているのであり、その心を親鸞は妄想転倒の心と呼び、また**散乱の心**と言うが、それは『起信論』がいうところの無明妄心である。

一生のあひだ、おもひとおもふこと、みな生死のきづなにあらざることなければ、いのちつきんまで念仏退転せずして往生すべし。

『歎異抄』

心に思うことはすべて、それが善き思いであれ、悪しき思いであれ、いずれもわれわれを生死の絆に繋ぎ止める業（カルマ）になっていると親鸞は理解しているのだ。もちろん善き業はわれわれを善所（天・人）の果を齎すことになるかもしれないが、それとても六道に過ぎない。もしわれわれがそんな心（**散心**＝妄心）に安住して自性唯心、すなわち唯心の浄土・己身の弥陀であるから何もしなくていいと嘯いているようなら、それこそ妄中の妄ではないか。かつて親鸞が心性（心の本性＝**本心**）はもとより浄いからといって、それを覚ったまことのひとが果たしてどれだけいるであろうかと批判を向けたのも、この点を突いていたのだ。

このような間違った態度は、われわれが**本心**と妄念、真心と妄心、心性と心、心源と心、他力の心と自力の心、要するに**本心**と**散心**の違いを知らないことから生じてくるのだ。親鸞が「定散の自心」に惑うというとき、「定散」とは瞑想（観想）修行したり、善行功徳を積むことによって、仏に成ろうとすることであるが、その「自心」とは、自力の心であり（といっても、われわれが一般に心として理解しているもの）、そのためにわれわれは生死に輪廻しているのであるから、そんな心に基づいて参禅工夫しようとも、また念仏の行を修すとも、生死を離れ、仏と成ることはできないということで、親鸞も初めに**人の貪、瞋、痴の三毒に惹かるる剛強の自力（の心）を捨てて、無明の煩悩に汚されざる明明たる本心に基づく**のでなければならないとしたのだ。しかし、そんなことなら禅の思想家だって同じである。

学道の人、自ら本心に迷うて、認めて仏と為さず、遂に外に向って求覓《ぐべき》して、巧用の行を起し、次第に依って証せんとし、暦劫勤求するとも、永なえに道を成ぜず。

黄檗『伝心法要』

黄檗は、学道の人（一義的には禅の人々を指していようが、浄土の人々も含めて考えてもよい）は自らの**本心**が仏であることを知らず、外に仏を求め、はたまた「我が身と我が心」（親鸞の言葉）を恃み、功徳を積むことによっていつか仏に成ろうとしているが、そんなことは、頭燃を払うが如く刻苦勉励に努めようとも、金輪際成道（成仏）などあり得ないと言う。なぜなら、心の外に仏を求め、功徳を積むことによって成仏しようとしているのは自力の心（妄心＝**散心**）であり、そんな心に基づいて「定散の二善」、すなわち瞑想修行をし、功徳を積むことに努めようとも、**永劫を経るとも仏果に至り難く**、生死はいつ果てるともなく続いて行くことになるからだ。

そして、「金剛の真信」とは、われわれの文脈から言えば**明明たる本心**、あるいは**自他差別なき一心**を指しており、それはすぐ後に親鸞がこの心を「一心の華文」と最大級の賛辞をもって表していることからも明らかである。真信（信心）、**一心**、**本心**はすべて同じ内実を表す言葉であり、その心を開発して、初めてわれわれは生死の苦海（穢土＝娑婆）から生死なき本分の世界（浄土＝真土）へと渡って行くことになるのだ。そうすると、白隠が言うように、浄土の人々も是非一度は**本心**を明らめ、その**本心**において真仏（阿弥陀仏）・真土（浄土）の何たるかを知るのでなければならないというのも矛盾なく理解されよう。

衆生は自心を識らざるがために、迷情妄起して、諸業受報す。その本性に迷い、世間の風息に妄執す。四大の身は生滅あるを見るも、しかれども霊覚の性は実に生滅なし。汝この性を悟るを、名づけて長寿となし、また如来寿量と名づく。

『馬祖の語録』

馬祖が「霊覚の性」(白隠の「本具の真性」に相当するが、仏性と理解してもよい)と言ったことも、心の本性(心性)のことであり、親鸞的に言えば、**明明たる本心(自他差別なき一心)**ということになる。われわれ衆生は自らの心(自心=**本心**)を知らないから、**散乱の心**が迷情妄起して、かえって**生死善悪**の業報(カルマ)に翻弄され、世間(娑婆=穢土)を転々とするばかりで、誰も出世間の法(生死出ずべき道)があることを教えてはくれない。また四大からなるわれわれの身体(仮我)に生滅はあるが、**本心**、あるいは心の本性(心性)からなる真身は(先に白隠が「如来清浄光明の真身」と言ったように、それはもう仏に他ならないのだが)、生死(生滅)を超えたものであることを知らない。

この無知から人間はただ四大・五蘊からなる身心をいかに健康で、長寿であろうかと図るあまり、**神通加持**に走り、不老長寿などと馬鹿げたことに現を抜かす。仏教が説く長寿とは、いわゆる身体(四大)に拘ることではなく、**本心**(霊覚の性)に冠せられたものなのだ。なぜなら、**阿弥陀仏とは、我が心(本心)の異名**であり、阿弥陀仏はまた無量寿仏ということでもあるから、われわれが心の本源(**本心**)を知りさえすれば、無量のいのち(寿)である阿弥陀仏と一味になるということだ。馬祖は、われわれの迷妄を糺すべく、極めて簡潔に「この性を悟るを、名づけて長寿となし、また如来寿量(如来の限りないいのち)と名づく」と言ったのだ。

5　散乱の心を止むる方便

仏教（仏道）を習うとき、まず仏・法・僧の三宝に帰依することが求められてくる。それぞれ何を指すかは各宗によってその内容も少しずつ異なるようであるが、一般的には、仏とは仏教の開祖である仏陀（釈尊）、法とは彼の教え（教法）、僧とは仏道を歩むもの（僧侶）に帰依するということになろう。しかし今日、日本で仏教（法）を学ぶ人はいても、釈尊（仏）に常々帰依を表明する人は多くない。まして僧侶（僧）となると、何をかいわんやである。

ところが、これまで見てきたように、真言密教の空海、黄檗をはじめとする禅の思想家たちは**本心（一心）**を知ることの肝要を説いていた。彼らにとって仏とは**本心**のことであり、それを覚って仏と成るから、真言も禅もそれを仏心と呼んだのである。親鸞においても、仏とは阿弥陀仏のことであり、**その阿弥陀仏とは、我が心（本心）の異名**であるから、仏（真仏）とは**本心**ということになる。そして、法とは**本心**にもとより具わる真理（ダルマ）、僧とは**本心**に目覚めた真理の証人であり、それを他者にも勧める人と言えるだろう。つまり、**本心**の中に三宝がすべて凝縮されていると見るのだ。

人が仏教（宗教）を批判し貶めようと、私にとってはどうでもいいことであり（何よりも、彼らの宗教批判はせいぜいわれわれが今日目にしている社会現象としての宗教を一歩も出るものではないから）、まして取り入るつもりなど更々ないが、仏教を今述べたように理解するならば、少しは見る目も変わってくるのではないか。というのも、仏・法・僧の三宝がわれわれ自身の心（**本心**）と深く関係しているとするならば、仏教を蔑むことは、自分自身の尊厳を否定し、ひいては生の高貴な可能性を自ら閉ざすことにもなるからだ。

私が常々言う、人間の不誠実は他者に対する不誠実ではなく、自分自身に対する不誠実であるという意味はここにある。つまり、他者に誠実を求める前に自分自身に対して誠実でなければ、あなたは生きとし生けるすべてのものに対して誠実とはなりえないであろう。もっと言うなら、世界のどこかで飢え苦しんでいる人がいるのに目をつむり、有形・無形を問わず、自らの欲望（夢）を満たすだけのいのちの尊厳など、いのちの大切さではないということだ。ともあれ、われわれが帰すべきは**本心**であり、その心に適えば自ずと仏・法・僧の三宝を知ることになる。今述べた三宝理解に類似したものとして鈴木正三の言葉を引用しておこう。

本心を仏宝とし、契ふを法宝とし、人に施するを僧宝とす。

正三『驢鞍橋』

三宝をこのように解すると、歴史上、悟りを開いたとされる釈尊も自らの心（**本心**＝**一心**）を覚って仏と成った真理の証人の一人ということになる。その事実は、決して彼の存在価値を貶めるものではなく、彼の証（自内証）こそ後に続くわれわれ衆生に人の道だけではなく、仏の道（仏道＝大道）があることを宣言する、それはまたとないエポック・メイキングであったのだ。

また、このように三宝を理解する方がより真実に近いと考えられるのは、三五歳の彼が真理に目覚めた時、その真理は私が世に出ようが、出まいが、あるいは私が覚ろうが、覚るまいが、古より（十劫の昔から）常に存在していたものであり、過去に輩出したであろう多くの覚者といわれる方々もこの真理を覚って仏となったのであり、幸いにも、私もまたその真理に目覚めたものの一人に過ぎない、としたこととともよく符合する。

その後、覚者（仏）となった彼は、真理は私（釈尊）の中にあるだけではなく、あなた方自身の中にもある。そして、それを知るのはあなたを措いて他に誰もないと弟子たちに勧め、それを知るものは此岸から彼岸へ、サンサーラ（生死）からニルヴァーナ（涅槃）へと渡り、真の安穏の境地に至るであろう。より正しくは、娑婆即寂光土、生死即涅槃と知るであろうということだ。

この三宝理解の中に、彼の最後の説法（遺偈）ともなる「自帰依・法帰依」の原型がある。つまり、われわれ生死に迷う衆生が本当に依るべきは自心の仏であり（親鸞の場合、**その阿弥陀仏とは、我が心の異名**であるから）、それを知れば真理（法）をも知ることになるからだ。そして、その真理に依って幸せであれ！　というのが釈尊四五年に及ぶ教化活動の根本思想であったのだ。ここに私は、釈尊の偉業の前に深く礼を尽くすものである。

六祖慧能も、人は言うにおよばず、仏（他仏）に帰依するのではなく、自心の仏に帰依することを「自帰依」と言った。もちろんそこには、自心（心源＝**本心**）が仏であるという理解があったからだ。そして、自らの本性（自性）、あるいは**本心**（心性）を知ってサンサーラからニルヴァーナの岸に渡る（度す）ことを「自性自度」と言う。

衆生は心を識って自ら度す、仏は衆生を度すること能《あた》わず。

慧能『六祖壇経』

仏は衆生を度すること能わず、と彼が言うのは、もし仏（神）が一般に考えられる絶対者であるなら（浄土教的には、十劫の昔に不取正覚を誓った阿弥陀仏の本願を言うなら）、生死に迷う衆生はとっくの昔に一人残らず成仏していただろう、という思いがあるからだ。しかし、人間は今に至るまで生々死々を繰り返しているというのが禅・浄いずれも一致した人間理解なのだ。何故そうなるかといえば、自らの心の本性（心性＝**本心**）を知ることによって、われわれは仏ともなれば、サンサーラの世界からニルヴァーナの世界へと渡る（度す）ことが可能となり、それを現実のものにするかどうかはわれわれ次第であるからだ。しかし、これはわれわれが自らの意志と努力によって仏に成るということではない。

仏教の一般的なイメージとして、戒を守り、何劫にもわたって善行・功徳を積むことによって初めて仏に成ると思われがちだが、本来仏であるあなたがさらに仏に成ることもできないし、またその必要もない。ただ**本心**（心性）を知りさえすればいいのだ。ここには「汝が心性は本より是れ仏にして、別に仏を求むるを用いず」（『馬祖の語録』）という人間理解があるからだ。親鸞的には、**阿弥陀仏とは**、**我が心の異名**であるから、その心（**本心**）を知りさえすればいいということだ。しかし、そうはいってもにわかに信じ難いと思われる熱心な浄土の信仰者もおられることだろう。そこで、われわれ人間の現状認識とそこからの救済の論理として、浄土門でしばしば語られる中国浄土教の大成者善導（六一三―六八一）の二種深信（機の深信と法の深信）を取り上げてみよう。

（1）自身は、現に罪悪生死の凡夫、曠劫よりこのかた、常に没し常に流転して、出離の縁あることなしと深信す（機の深信）。

（2）かの阿弥陀仏は、四八願をもつて衆生を摂受したまう。疑なく慮りなく、かの願力に乗ずれば、さだんで往生を得と深信す（法の深信）。

機の深信についていえば、浄土門と聖道門の間に何の違いもない。いずれの道を辿ろうとも今その人は生死に迷う迷道の衆生であり、これまで出離の強縁もなく、ただ徒に生々死々を繰り返してきたのだ。では、法の深信はどうだろう。浄土門では阿弥陀仏の本願力（四八願）に乗じて、往生の素懐を遂げ、仏となって生死を超えるということになる。一方、聖道門では他仏に帰依するのではなく、「自心の仏」（空海）、あるいは「本心の仏」（黄檗）を知って仏となる。聖道・浄土のいずれも仏と成って生死を超える、すなわち随縁の世界（サンサーラの世界）から法爾の世界（ニルヴァーナの世界）へと帰って行くことにかわりはない。

問題は、仏、あるいは仏法（真理）をどこに求めるかということだが、聖道門（ここでは真言と禅）は自心、あるいは**本心**を知れば仏とも成り、生死を超えることにもなる。そして、親鸞にとっても**阿弥陀仏とは、我が心の異名**であるから、自心（**本心**）を知ればいいということになるだろう。いずれもその可能性は、われわれの外に求められる法の深信ではなく、内に向けられたものである。それは、先にわれわれが**本心**の中に帰依の三宝（仏・法・僧）すべてが含まれると したこととも一致する。つまり、法の深信とは、われわれのコンテクストから言えば、自らの心 を深く信ずることとなのだ。もちろん、それはわれわれを生死の絆に繋ぎ止めている、いわゆる心（それは妄心であり、**散心**に過ぎない）ではなく、**本心（一心）**を深く信ずることであり、それ を知れば仏とも成れば、生死出離ともなる。大切なことは、機の深信と法の深信がいずれもわれ われの心と密接に関係していることだ。

二種深信を纏めると、**散心**（妄心）ゆえにわれわれは広劫よりこのかた、常に没し常に流転し、生死に迷う迷道の衆生にとどまっていると深く信じることが機の深信であり、一方、**阿弥陀仏とは、我が心（本心）の異名**であるから、**本心**（真心）を知るならば往生を得、仏とも成ると深く 信じることが法の深信ということになる。要は、われわれは自らの心と取り組むことによって、心（**散心**）から心の本源（**本心**）へと辿ることが仏の道、すなわち**即心仏性**なのだ。

心をほろぼして、心をそだてよ。明明たる心を朦々《もう》たる心に掩《おおわれ》て、苦しむことなかれ。

正三『盲安杖』

正三もまた、朦々たる心（**散乱の心**）を捨てて、明明たる心（**明明たる本心**）を育てよ、と言 う。ところがわれわれは、心と言えば、無明の妄心である**散心**しか知らず、その心で**本心**を覆う（掩う）がゆえに、そうと気づくこともなく、三界生死の苦海で逼迫しているのだ。禅であれ、浄土であれ、いずれも悟りへの道（菩提の正因）は、如何にして妄りに起こる**散心**（妄心）の根を絶ち、**本心**に基づくかということで、正三は「心（**散心**）をほろぼして、心（**本心**）をそだてよ」と言ったのだ。

> 古人一則の公安を授けたまうこと、念根を截断せんがためなり。又、念仏の一行を授けたまうことも同意なり。その義正しき則ば、南無阿弥陀仏と唱るも、念根を截断するの剣にして、菩提の正因となるなり。
>
> 正三『反古集』

南無とは阿弥陀仏のいのちに帰することであるが、**その阿弥陀仏とは、我が心（本心）の異名**であるから、南無阿弥陀仏とはわれわれ自身の心（**本心**）に帰し、深く頷くことに他ならない。しかし、現在その心（**本心**）は妄りに起こる心（**散心**）に覆われ、われわれは自心が本来仏（阿弥陀仏）であるとも知らず、徒に生々死々を繰り返しているのだ。従って、問題はいかにしてこの**散心**を止めて、**本心**を知るに至るかということになる。その一つの方法として親鸞が選び取ったものが易行としての念仏であったのだ。というのも、念仏とは、文字通り、阿弥陀仏を念ずることであり、親鸞にとって**その阿弥陀仏とは、我が心の異名**であるから、彼が**然あれば念仏は、我が心（阿弥陀仏）を呼び返し呼び返し、散乱の心を止むるがための方便なり**と言うのもそのためである。

禅では公安というものを与え、参禅工夫する中で、それをただひたすら凝視する（瞑想する）ことによって、悟りへの道を開こうとするが、それもまた、妄念（妄心）が起こる念根を絶とうとしているのだ。念仏もまた、同様に散乱する心の根（念根）を絶つ方便なのだ。だから浄土の人々も、念仏という易行を通して、是非一度は**本心**を知るのでなければならない。坐禅をするだけでは成仏できないし、称名念仏に励むだけでも成仏はできない。いずれも**散心**（妄心）を止めて**本心**（真心）に立ち返るのでなければならないのだ。だから親鸞も初めに、**仮に教ゆる所の方便を頼んで、心を行願（本心）に用ひず、称名念仏のみを所作とせば、永劫を経るとも仏果に至り難し**と言ったのだ。

念仏を唱ふる人も、念仏を以て煩悩の病を退治すべき心有りて、発る念にかまわず、ひた責めに責めて念仏するは、即心成仏の念仏なるべし。極楽浄土の快楽を望み、来世を願う念仏は、輪廻の業増長なるべし。

正三『驢鞍橋』

禅なら只管打坐するところに**本心**（自性）を知るに至るということがあるように、ひた責めに責めて念仏するところに、親鸞的に言えば、**我が心を呼び返し呼び返し**念仏するところに、信楽（**本心**）の開発（前掲、「信楽の一念」参照）ということもあり得る。決して、来世に浄土の楽しみ多きことを願って念仏するのではなく、今生において**明明たる本心**を知るのでなければ、その念仏すら生死輪廻の業（カルマ）に堕してしまう。このように念仏を通して、心（**本心**）において覚ることが仏と成ることであり、その時初めて、心が即ち仏（**即心仏性**）であったと知ることになるから、正三は「即心成仏」と言ったのだ。

浄土宗には念仏を以て信心を申起し、禅宗には座禅を以て、無相無念の本心を修し出すなり。

正三『驢鞍橋』

信心というも、**本心**というもわれわれの心の本源（心源）を指している。そこで、浄土においては念仏を通して信心を獲得し、一方、禅においては坐禅を組み、**本心**を識るならば、いずれの道を辿ろうとも生死を離れ、仏と成る。そして、**阿弥陀仏とは、我が心の異名**であるから、**我が心を呼び返し呼び返し**することとは、われわれが真の主体（主人公）である仏（阿弥陀仏）に戻ろうとすることである。現在われわれが自分と思っているものは仮我（五蘊の仮我）に過ぎないから、仮我（世俗の我）から真我（真実の我）、生死に迷う衆生から衆生本来仏であることを明らかにしようとしているのだ。それについて思い出されるのは、瑞岩師彦が毎日自らに「主人公」と呼びかけていたことである。彼にはわれわれ人間が真の主体（それは仏に他ならないが）を知らず、仮我に過ぎない自分に執着するばかりに（我執）、真の自由を奪われ、生々死々を繰り返しているという思いがあったろう。

瑞岩彦和尚、毎日自ら主人公と呼び、また自ら応諾す。すなわち云わく、惺々著。喏。他時異日、人の瞞を受くることなかれ。喏、喏。

『無門関』

人格形成、自己実現、個性化と識者はかまびすしいが、そんなことに惑わされてはならないということであろうか。そして、いずれは朽ち果てる機械に過ぎない仮我（世俗の我）を繕うばかりで、あなたが内なる真実を知らないとしたら、所詮は自己の認識に欠ける迷道の衆生に過ぎないということだ。一体、宗教は自己を磨き、教養豊かな人格者（そんな人が果たしてこの世に存在するのかどうか私は知らないが）になることを目的としているのではなく、人間という在り方（仮我）さえ超えようとしているのだ。だから、親鸞も瑞岩も、彼らの内なる主人公（真実の我）を**呼び返し呼び返し**していたのだ。親鸞にとって、それは阿弥陀仏であり、瑞岩にとっては、臨済の「一無位の真人」ということになろうが、その真人について白隠は次のように言う。

この真人は空劫以前、空劫以後、少しの病気もなく、鼻もしみたることは無き人なるぞ。これを法華には久遠実成の古仏と称賛したまえり。「今、西方に在りて、弥陀と名ずく」（『阿弥陀経』）と釈したまへるも、この真人のことなるぞかし。

白隠『遠羅天釜』

始まりがあるものにはいつか終るということがある。悠久の時を刻んできたこの宇宙にも、始まりがあったがゆえに終るということがあるのだ。白隠は、この宇宙が始まる前（空劫以前）と宇宙が終った後（空劫以後）に思いを馳せているのであるが、そこに時間は流れていない（詳しくは拙著『自己認識への道』を参照）。この始まりもなければ終りもない無時間の内に存在するもの、すなわち、天地に先だって存在し、生滅を超えた万象の主が真人（まことのひと）であり、それを『法華経』では久遠実成の古仏と言い、浄土教では十劫を経た阿弥陀仏と呼んでいるのだ、と彼は言う。そして、われわれもまた生死の夢から目覚め、久遠の仏（真人）へと帰って行かねばならない。それがわれわれの真の主人公（真我）であるからだ。

しかし、久遠の仏（十劫の阿弥陀仏）がまします西方とは、白隠が言ったように、心源（**本心＝一心**）を指していたから、浄土門の人々は**我が心（本心）を呼び返し呼び返し、散乱の心を止むるがための方便**である称名念仏を手掛かりとして、生死なき本源の世界（法爾の世界）へと帰って行くことになる。そして、心源に辿り着くことがサンサーラ（妄境界）からニルヴァーナ（真法界）に渡ること、すなわち往生が定まる時なのだ。

生を観ぜず、死を観ぜず、心失念せず、心転倒せず、唱え唱えて一心不乱の田地に到って、忽然として大事現前し、往生決定す。この人を指して真正見性の人とす。

白隠『遠羅天釜続集』

心の本源（心源）、あるいは**本心（一心）**を白隠はここでは「一心不乱の田地」と言う。そして、念仏を唱え唱えて（**呼び返し呼び返し**）、その本源へと辿り着けば、**散乱の心**（妄心＝妄念）は自ずと消え、忽然と大事は現前して、往生の素懐を遂げることになる、と彼は見ているのだ。それは先に一遍が「一心の本源は自然に無念なり。無念の作用、真の法界を縁ず」と表現したことでもあるが、もちろん、大事現前とは親鸞のいう「信楽開発の一念」を指しており、信楽（**本心＝一心**）成就して、往生は確かなものになる。この大事現前し、往生が決定した者を親鸞は、もはや生死輪廻する虚妄の世界（妄境界）に再び退転することがないという意味で「正定聚不退の人」と呼び、禅では「真正見性の人」と言う。

世に大事なものは人によってさまざまであろうが、人間にとって本当に大事なものは何かがよく分かっていないのが生死に迷うわれわれ衆生なのだ。もし、分かっていたら識者の戯言(「人の瞞」)を受けることなく、親鸞が**還って我が心に立ち進むべきこと**と言ったように、すでにあなたは、生死なき本源(心源＝**本心**)の世界へと歩み始めているはずだ。しかし、実際は帰るべき我が家(涅槃の城＝法性の都＝真の法界＝法然の有)があるとも知らず、独り生死の苦海を転々としているのだ。

衆生は狂迷して本宅を知らず、三趣に沈淪し四生に跉跰《りょうびょう》す。苦源を知らざれば還本に心なし。

空海『十住心論』

空海は、われわれ人間(衆生)が帰るべき我が家を「本宅」と言う。ところが、われわれは狂迷してそれ在ることを知らず、三趣(地獄・餓鬼・畜生)の世界に淪み、さまざまなものに生まれ(四生)、徒に生々死々を繰り返しているのだ。もちろん、本宅はこの世(娑婆)を意味する「火宅」に対して言われたものであるが、臨済もまた「三界は安きことなく、なお火宅の如し。これは是れ汝が久しく停住する処にあらず」と言った。禅も浄土も真言もわれわれ人間には帰るべき本源の世界(本宅＝法爾の世界)があることを示し、「人(近くは家族でしょう)も迷い、我も迷わんよりは」、はやく三界苦悩の旧里(随縁の有)を離れ、生死なき本分の世界(法然の有)へと帰(還)って行きなさいと勧めているのだが(それを還本、あるいは返本還源という)、そうと知る人は多くない。

欲望渦巻く火宅の世界（世間）では、毎日さまざまな事件が起こる。すると、われわれはその原因を究明し、解決を図るために、学者、心理学者、教育者などに意見を求めるが、そんな識者ならずとも誰もが考えるような御託を披瀝するばかりで、それらが生じてくる根本原因が分かっていない。もし本当の「苦源」がどこにあるかを知っていたら、火宅無常の世界から涅槃常楽の世界（法性の都＝本宅）へと帰ろうとするだろうが、実際には生死出離の道を辿る人は多くない。しかし、本宅といっても、それはどこか遠くにある世界ではなく、あなた自身の心の本源（**本心＝一心**）をいうのであるから、あなた自身が心の内側へと辿るのでない限り、大事は現前し、往生が定まることなどあり得ない。

散乱の心（くどいようだが、われわれが心として理解しているもの）を生きている限り、その心に基づくすべての行為はわれわれ人間をして生死輪廻に縛る禍となる。しかし、**散乱の心を止むるがための方便**である念仏の行を通して大事が現前し、**明明たる本心**（信楽）を知るに至るならば、無明の闇は速やかに晴れ、見るものすべてが仏身の顕われ（仏土＝浄土）となるから、親鸞は**斯の如く念仏修行の心を知るものは、心もさながら朗らかなり**と言ったのだ。その境地を彼自身の言葉で補えば次のようになるだろう。

しかれば、大悲の願船に乗じて光明の広海に浮かびぬれば、至徳の風静かに衆禍の波転ず。すなわち無明の闇を破し、速やかに無量光明土に到りて大般涅槃を証す、普賢の徳に遵《したが》うなり。

親鸞『教行信証』

海が波立つのは風が吹くときであり、風が止むと海は自然に静寂を取り戻す。「衆生の自性清浄心（本源清浄心）も無明の風に因りて動ずる」（『起信論』）とあるように、「無明の風」によってわれわれの心は波立つのだ。つまり、無明ゆえに、妄りに心が生じ、われわれは**生死善悪**をはじめとする二元葛藤するサンサーラの世界へと入っていく。そして、われわれは妄りに起こる心（妄心＝**散心**）を自分の心と思い、本有の心である自性清浄心（**本心**）を忘れてしまうのだ。しかし、それは忘れられているだけであって、失われてしまったのではない。

そして、無明に基づく行為であるがゆえに、それがたとえ善き業であっても、われわれを生死輪廻の軛に繋ぎ止め、すべては禍（衆禍）となる。しかし、無明といっても、その実体はわれわれが心（妄心）と呼んでいるものであるから（それゆえに無明妄心という）、その心を除いて自性清浄心（真心）を知るならば、親鸞的に言えば、**散心**を止めて、**本心**を知るならば、無明の風は止み、生死の苦海（サンサーラの世界）は清濁（善悪）すべてを飲み込んで、再びかつての静けさを取り戻す。それを親鸞は「無明の風」に対して「至徳の風」と言い、われわれ衆生をして生死の絆に繋ぎ止めていた衆禍の波は転ぜられ、そこは願わずともわれわれが帰るべき無量光明土（ニルヴァーナの世界）となる。これと同じ文脈で言われたものとして『起信論』から引用しておこう。

無明が滅するを以ての故に心（妄心）は起こることなく、起こることなきを以ての故に境界は随って滅す。

『大乗起信論』

境界とは、われわれ衆生が往来している三界生死の妄境界を指しているが、**本心**（真心）を覚り、心（妄心）が起こることがなければ、生死の雲は速やかに晴れ、無明から始まる生・老死（十二支縁起）は終りを告げて、真の法界（法爾の世界＝浄土）へと帰っていく。そのような人を釈尊は「最後の身体に達した人」と呼んだのであり、かくして「無明の闇を破し」、心の目（慧眼）が開く時、見るものすべてが仏（仏身＝無量光明土）となる。心の明暗が禍福（迷悟）に分けることを空海は自らの体験から、次のように言う。

心暗きときは即ち遇ふ所悉く禍なり。眼明らかなれば則ち途に触れて皆宝なり。

空海『性霊集』

暗き心といっても、われわれが心と呼んでいる無明妄心（**散心**）のことであるが、その心が捉え、経験するものはすべて、最後は悲しみと禍となる。しかし、心の目が明らかとなるならば、親鸞的に言えば、**無明の煩悩に汚されざる明明たる本心に基づく**ならば、見るものすべてが功徳の宝（真仏土＝浄土）となる。そこは人為で手を加えるものも、捨て去るものもなく、すべては在るべきように在る自然法爾の世界なのだ。

しかし、殆どの人は**本心**を顧みることなく、心の赴くまま、彼らの関心は常に外側ばかりだ。

この姿勢を改めない限り、私たちは見せかけの、偽りの自分（仮我＝世俗の我）を生きて行くことになる。もちろん、**本心**を知らなくとも、つまり暗き無明の心（妄心＝**散心**）であっても、人は功なり名を遂げ、それなりの満足も得られようが、たまたま人間と生まれたわれわれには「大事現前」という一番大切な課題が残されている。それを実現してこそ、今生の生にも意味があったといえると説いているのが宗教なのだ。しかし、われわれはそれあることを知らず、自分の築いたささやかな境遇（財）と地位に恋々と執着し、さらに一歩を進め、本宅（自然法爾の世界）に帰ろうとはしない。それを慢心という。

第四章

雑行を止めよといふことは、愚痴の凡夫には、万行を措《さ》し置いて、只阿弥陀仏の名号一遍に志深ければ、必ず極楽の国に生るること疑いなしと教ゆるを誘引の媒《なかだち》となすなり。又、信心ある人に言ふ、只我が心を明らむ外は雑行なり。この雑行を止めよと教え諌《いさ》むるなり。

1　流出と還源

まわせばまわる、まわさざればまわず、われらが輪廻も又かくのごとし。三業の造作によりて、六道の輪廻たゆる事なし。自業もしとどまらば、何をもてか流転せむ。

『一遍上人語録』

われわれは今、生死輪廻する迷妄の世界を転々としている。が、一体、生死輪廻の輪を廻しているのは誰であろうか。悪魔の仕業なのであろうか、とんでもない。一遍は、生死輪廻の輪を廻しているのは、他でもないわれわれ自身であると言う。具体的には、身・口・意の三業（の造作）によって善所（天・人）・悪所（修羅・畜生・餓鬼・地獄）を経巡っているのだ。従って、これらの行為（自業）が止むならば、自ずと生死の世界（此岸）を離れ、涅槃の世界（彼岸）へと帰って行く。つまり、生死輪廻の輪を廻すのも、止めるのもわれわれ一人ひとりの問題であるということだ。

当に知るべし、世間の一切の境界は皆衆生の無明妄心に依りて住持することを得るのみなり。是の故に、一切の法は鏡中の像の体として得べきもの無きが如く、唯心のみにして虚妄なり。心生ずれば則ち種種の法生じ、心滅すれば則ち種種の法滅するを以ての故なり。

『大乗起信論』

『起信論』の著者もまた、われわれが六道輪廻のいずれの境涯にあり、逼迫しようとも、その根元にはわれわれ自身の心、すなわち無明の妄心（無明に基づいて妄りに起こる心という意味）があり、輪廻の輪を廻しているのは、あなたを措いて他にないことを「世間の一切の境界は皆衆生の無明妄心に依りて住持するのみ」と言ったのだ（三業の基本は心であるから、一遍が「三業の造作による」と言ったことと矛盾はしない）。しかも、心によって作り出される六道輪廻の世界はすべて、鏡に映る像に実体がないように、「虚妄」であるというので、「唯心のみにして虚妄なり」（仏教はそれを「三界唯心」と纏めている）ともいう。つまり、われわれが確かなものとして捉えている客観世界も、夢がそうであるように、心が投影した映像に過ぎないということだ。

ただ心（妄心）が妄りに起こるがゆえに、さまざまな事物・事象（法）の世界が擾々と生じてくるに過ぎない。逆に言うならば、心が消え去るならば、それも消えてないだろう。つまり、「心生ずれば則ち種種の法生じ、心滅すれば則ち種種の法滅す」ということになる。

心と世界は、丁度合わせ鏡のように、心を離れて世界はなく、世界を離れて心もない。世界は心が投影したものであるにもかかわらず、かえって心はその世界に囚われ、巻き込まれてしまうのだ。心と世界は数限りない悲喜劇を繰り返しながら、どこに行き着くということもなく、歩みを共にしてゆく。このように、心が投影したものに心が捕らえられ、転々と同じ所で堂々巡りしていることをサンサーラというのだ。そして仏教は、このサンサーラの世界（随縁の有）から如何にしてニルヴァーナの世界（法然の有）へとわれわれ衆生を連れ戻す（解脱させる）かを目的としているのだが、われわれは一体どこから生死輪廻する迷いの世界へと入ってきたのであろうか。

迷いも一念なり。悟りも一念なり。法性の都《みやこ》を迷い出しも一念の妄念による、迷いをひるがえすも一念なり。然れば一念に往生せずば、無量念にも往生すべからず。

一遍『播州法語録』

一遍は法性の都から、しかもそこから迷い出たのだと言う。すると、いわゆる生が如何なるものであるかを考えてみるのもあながち無意味ではないはずだ。法性の都とは、生死流転の家に対する涅槃の城に相当し、また『起信論』がいう「一法界」のことであるが、われわれは「一念の妄念」によって、本来の場所である法性の都（一法界＝真法界）から生死輪廻する妄境界へとさ迷い出てきたと解しているのだ。「一念の妄念」を『起信論』的に言えば、心源（心の本源）の不覚によって、忽然と念（心）が起こる無明（無明の忽然念起）を指しているが、この不覚無明によってわれわれは法性の都を後にし、生々死々する虚妄の世界へと退転してきたのだ。だから迷いを翻して、再び法性の都へ帰って行きなさいと（それを「往生」と理解している）、彼は勧めているのである。われわれが迷い出た所が法性の都なら（流出）、帰るべき所もまた法性の都であること（還源）、これはよく理解されなければならない。

それは丁度、パスカルが人間の現状を「人間は迷っているということ、その本来の場所から落ちているということ、不安にかられてその場所を求めているということ、それをふたたび見いだすことができずにいるということを、誰が悟らぬものがあろう」と言ったことと奇妙な一致を見せている。いずれも、われわれ人間が辿るべきは、われわれがかつて在った本源の世界（本来の場所）であることを示唆している。今日、行き場を見失い、閉塞状況にあるわれわれに、彼らの言葉は確かな方向を指し示していることにもなるが、その道を辿るかどうかはあなた次第ということだ。

翻って、法性の都（涅槃の城）は、いわばわれわれの永遠の故郷であるにもかかわらず、今われわれは故郷を離れて異郷の地（生死流転の家）をあてどなく彷徨う乞食のようなものと言えるだろう。「長者窮児の比喩」（『法華経』）も、要するに、富める父の家（法性の都）を離れ、三界生死の世界で逼迫しているわれわれ衆生を永遠の故郷に連れ戻そうとする父（仏）の召喚（本願）と理解されるであろう。法性の都を迷い出たのが一念（一瞬）の不覚なら、迷いを翻して再び法性の都に帰って行くのもまた一念の覚りである。

具体的には、妄心（**散心**）を捨てて真心（**本心**）を知る一念、あるいは**自力（の心）を捨てて他力（の心）を取る**一念ということであるが、親鸞もまた自らの体験からそれを「信楽に一念あり」と言い、信楽とは真心（**本心**）のことであった。さらに彼は、法性の都に帰ることを「法性の都というは、法身ともうす如来の、さとりを自然にひらくときを、都へかえるというなり」（『唯信鈔文意』）と理解していた。親鸞において、悟ることと永遠の故郷（法性の都）に帰る（往生する）ことは一つの事柄であったのだ。

今日でも出家という言葉を時に耳にする。一般的には、家族や社会を捨てる遁世、すなわち世間を遁れるという意味である。しかし、どこに身を隠そうとも、それが山深い洞窟の中であろうとも、やはりそこも世間なのだ。そして、仏教は生死に迷う世間から出離すること、すなわち出世間の法（教え）を説いている。それを、正三は「三界出離の法」と言うが、もちろん親鸞が「生死出ずべき道」と言ったものにあたる。

仏行修行は三界出離の法なり。故に出家と名く、もし三界出離の旨なくんば出家にあらず。

正三『驢鞍橋』

出家の「家」とは、釈尊の例が示すように、一義的には社会の基本的構成単位である家庭を出ることであるが、それだけでは本当の意味で出家とはならない。というのも、本来、家とは生死流転の家、すなわちサンサーラの世界のことであり、それを離れて法性の都、すなわちニルヴァーナの世界（涅槃の城）に帰り着いて、初めて出家の名に価するのだ。

髪をおろし、墨染めの衣を身に纏い、出家を演出すれば人の目にもそれと分かり易いが、出家とは、適当に世間と距離を保ちながら、うまく世渡りをすることではなく、禅であれ、浄土であれ、その基本理念は、生々死々する三界生死の世間（虚妄の世界）を離れ、仏に成ることだ。従って、家を出るだけではなく、生死流転の家を離れるところまでいかない限り、それを出家とは言わないのだ。逆に言えば、家を出ることなく、家族を抱え、また世事をはたしながら、生死流転の家を離れることができないのではない。それが親鸞のとった宗教形態、すなわち在家仏教であったはずだ。

ところが、浄土門の人々の中に、生死流転の家を離れることに心を向けることなく、ただ生活形態のみを真似るだけでは、彼の意趣に背くことにもなろう。一遍が、家族を抱えて仏道を修することができる人は「上根の機」であると言い（「念仏の機に三品あり。上根は妻子を帯し家に在りながら著せずして往生す」）、自分はそれができない下根の人であるから、家族を捨てることになったという自戒を、今日、浄土門の人々はどう思っているのであろうか。また、空海が「頭を剃って欲を剃らず、衣を染めて心を染めず」（『秘蔵宝鑰』）と言ったことも、今日なお、仏教を生業としているものに対する警鐘ともとれよう。

そして、時代は末法であるから、われわれ凡夫が覚ることなどあり得ないと、幼いときから訳も分からず他力を恃み、自力聖道門の人々を、自らを知らない傲慢の輩と考え、自分はといえば、そう言い含められてきた日々の暮らしの中で、悟りなど死して浄土に往生してからのことと漫然と考えているようなら、下根の人でもなければ、もはやいずれの機根でもなかろう。

自力とは、すでに説明したように、自心に（それを**本心、一心**、仏心、真心、浄心、信心、信楽……何と呼ぼうといいが）、もとより真理（法）が具わっていることを知らず、自ら善行・功徳を積むことによって仏に成ろうとすることであって、それは親鸞も言ったように、頭燃を払うがごとく修行に励もうとも、必ず不可である。一方、他力（敢えて他力といえばということであるが）とは、**人の貪、瞋、痴の三毒に惹かるる剛強の自力（の心）を捨てて、無明の煩悩に汚されざる明明たる本心に基づく**ことであり、その心に依って生死の世界から涅槃の世界（法性の都）へと帰って行くことになるので、親鸞は「涅槃の門に入るとは、真心に値うなり」（『浄土文類聚鈔』）と言ったのだ。

禅や真言の思想家たちが「本心の仏」、「一心の仏」と言ったように、自らの心（**本心＝一心**）を知れば悟りともなり、また仏とも成るというのが仏教の基本であり、このように心を理解し、解脱の道（仏道）を辿ることは、従来言われてきた自力・他力、聖道・浄土、難行・易行という概念を超え、仏教本来の立場に戻ったことを意味している。

それでは、成道、あるいは成仏のために何もする必要はないのかというと、そうではない。もし何もしなければ生死輪廻の輪はいつ果てるともなく廻りつづけるであろうし、また、このままでいいのなら、何も問題はなかったはずだ。道元がこの問題を抱えて入宋したことはよく知られている。また、親鸞のように、ほぼ二〇年に及ぶ修行生活の果てに、比叡山を降り、生死出ずべき道を求めて、わざわざ法然の下を尋ねる必要もなかったであろうし、何よりも仏教が道（方法）を説くなどおかしなことになる。確かに、何らかの修行を重ねて仏道を成就するというのではないけれども、自身にはすでに三心（自心・仏心・衆生心）平等の**一心（自他差別なき一心）**を具えているから何もする必要はない（不修）としたら、あなたは今、自分がどんな所に迷い込んでいるかも分かっていなければ、得がたき人間として生まれた意味も分からないまま、波々として生を渡る多くの凡夫（凡人）と何ら変わらない。もっとも、凡夫で結構と開き直られたら、もう返す言葉もないが、ここは一つ馬祖の言葉をよく噛み締めてほしいものだ。

道は修に属せず。もし修し得と言わば、修は還って壊となる。もし不修と言わば、即ち凡人に同じ。

『馬祖の語録』

われわれは**本心**、あるいは**一心**を本有の心として今も携えている。たとえ時代は下ろうとも、この法（**本心＝一心**）はわれわれの内なる実存の中心に「自己本有の妙法」（白隠）として常に存在するものなのだ。

世は末世なれども、法はさらさら末世ならず。末世なりとて、打棄て顧み見たまわずば宝の中にありながら、自ら飢凍を苦しむが如し。

白隠『遠羅天釜』

白隠のこの言葉は、現代においてもなお真実を語っていると私は思う。というのも、この法（**本心＝一心**）は古いとか新しいという彼方にあるからだ。われわれもまた遅い早いの違いはあっても、いずれ帰るべきは「一心の仏」、あるいは「本心の仏」であると知って、禅・浄・密いずれの道を辿ろうとも、どうしても一度はこの心（**本心＝一心**）を明らかにしなければならないのだ。そうでなければ、人間は宝の中に在りながら、昼となく、夜となく乞食のように、あれもこれもと徘徊し、本当に満足することはないであろう。そして、この法を親鸞は**明明たる本心、**あるいは**自他差別なき一心**と呼んだのであり、さらに彼にとって**阿弥陀仏とは、我が心の異名**であったから、われわれの**本心（一心）**が仏（阿弥陀仏）であることは明らかである。

しかし、この事実は、われわれ人間は今、生死に迷う常没の凡夫ではあるけれども、本来は仏であるという、とても矛盾した存在であることを物語っている。また、そうであるからこそ、人間は何を手に入れ、何になろうとも、これでいいということはなく、常にもっともっとと急き立てられるような焦燥感に苛立ち、それは生命が尽きるまで続く。もちろん、人はどこかで諦めるというかたちで自らを納得させるけれども、それは本当の満足と安心ではなく、「自心の仏」を知るまでなくならないと教えているのが仏教なのだ。

2　難行と易行

信心を得たる人をば、「分陀利華」とのたまえり。この信心を得がたきことを、『経』には「極難信法」とのたまえり。しかれば『大経』には「もしこの『経』を聞きて、信楽受持すること、難きが中に難し、これに過ぎて難きことなし」と教えたまえり。釈迦牟尼如来は、五濁悪世にいでて、この難信の法を行じて、無上涅槃に至ると説き給う。

親鸞『一念多念文意』

聖道門が難行であるのに対して、浄土門は易行であるといわれる。いずれも生死を離れ、仏と成る方法を説いているが、親鸞は聖道門を捨てて浄土門に帰することを勧めていた。しかし、この文章を見ると、六年の修行を経て悟りを開いたとされる釈尊が、一体何を行じ、何を得たのかというと、「難信の法」を行じ、信心を得て、仏（覚者）と成ったと親鸞が解していたことが分かる。しかも、親鸞の生きた時代だけではなく、釈尊在世の時代も、子（王子）が親（父王）を殺すという悪行がはびこる「五濁悪世」であったし、それはすでに末法の世となって久しい今日でも変わることはない。

ところで、信心とは、信楽、**一心**、真心、**本心**とさまざまに呼ばれたものであり、その心はまた仏に他ならないがゆえに、空海は「一心の仏」、黄檗は「本心の仏」と言い、親鸞においても**阿弥陀仏とは、我が心（本心）の異名**であった。しかも、それは釈尊や祖師方だけではなく、われわれの誰もが具えている本有の心であり、**自他差別なき一心**（三心平等の**一心**）である。われわれはそれを得て（開発して）、初めて生死の世界を離れ、無上涅槃に至ることができるのだ。これは先に釈尊が、弟子たちに伝えようとした法（真理）は「一心の法」であり、それをはじめに伝授されたのは迦葉であったとする古事（拈華微笑）とも矛盾しない。

信じ難いのは（難信の法であるのは）五濁悪世にあって、欲多く、障り多きわれわれがすでに悟りの心（菩提心＝信心＝仏性）を携えているという事実であり、それを知りさえすれば仏ともなれば、悟りともなるということである。もちろん、その事実を知らされたとしても、にわかにそうと覚ることは禅・浄・密いずれの道を辿ろうとも、困難であるがゆえに「極難信法」であり、幸運にも、それ（信心）を得る人は極めて稀であるがゆえに、彼らを「分陀利華」と呼ぶ。

このように、釈尊もこの難信の法を行じ、信心（**本心＝一心**）を知って仏となったとすると、釈尊が悟りを開き、しばらくその法（一心の法）を享受した後、自分が体得したものを世間の人々に説くべきかどうかを自問し、躊躇することになるのは、形もなければ、言葉も及ばない「一心の法」を説くことの難しさはもとより、そんなことを話してみたところで、世間の人々は信じもしなければ、彼らが求めているものとの間にある、余りのギャップに彼は法を説くことを諦めかけたのではないかと推察される。しかし、結果的には、梵天の勧めに応じて「我今当に一切衆生の為に甘露の門を開くべし」と翻意されたという梵天勧請の古事にも適うであろう。

それぞれ宗派や方法論は異なるものの、仏教であるということにおいて**即心仏性**、すなわちわれわれの心が本来仏（心仏）であるという基本理念が変わることはない。空海（真言密教）、黄檗（禅）しかりであり、親鸞（浄土）もまた同じなのだ。もし我が宗は特別だと考え、難行・易行といって修行するものは、**心狭く人にも疎まれ、法にも背く**ことにもなろう。それでは何が難しいのかというと、**無明の煩悩に汚されざる明明たる本心**（信心＝信楽）を開発することが実に難しいのだ。

親鸞、そして師である法然も、善導に従って、悟りに至る行（往生の行）として読誦・観察・礼拝・称名・讃嘆供養の五種をあげ、その中でも称名念仏を正行とし、他を雑行とした。そして親鸞は、**雑行を止めよといふことは、愚痴の凡夫には、万行を措し置いて、只阿弥陀仏の名号一遍に志深ければ、必ず極楽の国に生るること疑いなし**とまず念仏を勧めるが、彼にとって、**その阿弥陀仏とは、我が心（本心）の異名**であり、その心を明らかに知ることが悟り（往生）ともなれば、仏とも成ることであった。**然あれば念仏は、我が心（本心）を呼び返し呼び返し、散乱の心を止むるがための方便**であるが、何のための方便かというと、**散心**を捨てて**本心**を知るための媒（なかだち）ということだ。そして、**明明たる本心**に基づくことが仏道を歩むことであり、親鸞において本当に正行と言えるのは**本心（一心）**を明らかに知ることであり、そのための方便として彼が選んだのが易行としての称名念仏であったのだ。

このように、親鸞において、念仏は自らの心を明らかに知るための方便であり、あくまでも目的は**本心（一心）**を知ることであるから、**信心ある人に言ふ、只我が心を明らむ外は雑行なり**と彼は言ったのだ。禅も真言も**本心（一心）**を知ることの大切さを説き、またその心を知る方法（方便）を考えてきた。親鸞においては、万行を排して念仏の易行を勧めたが、それも**本心（一心）**を知るための方便（確かな道）であったのだ。

しかし、末法の世に生きるわれわれに用意されていた易行（念仏）だからといって、一体どれだけの人がこの「難信の法」を行じて、涅槃の岸に到達したのであろうか。言い換えれば、この得難い信心（**本心＝一心**＝真心）を開発して、悟りの岸に到達した者はどれだけいたかということだ。そして、この億劫にも得難い信心は、求めずとも、自然に一切の功徳（無上妙果）をわれわれに与えるというものだ。

> 常没の凡愚、流転の群生、無上妙果の成じがたきにはあらず、真実の信楽（浄心＝信心）実に獲ること難し。
>
> 親鸞『教行信証』

親鸞は、無上妙果に至ることが難しいのではなく、信心（**本心＝一心**＝浄心）を得ることが難しいのだという。逆に言えば、信心を得れば、自ずと涅槃（無上妙果）に至るであろうが、その信心を得ることが実に難しいのだ。そして、たまたま信心を得ることができたならば無上涅槃（無上妙果）に至り、もはや再び虚しく生死に迷うことはない。しかし、「もしまたこのたび疑網に覆蔽せられば、かえりて曠劫を径歴せん」（『教行信証』）と彼も言ったように、この法（信心＝浄心＝浄信＝**本心＝一心**）あることを疑い、今生において得ることができなければ、広劫多生のあいだ、生々死々を繰り返す迷道の衆生に留まることになろう、と釘を刺しているのだ。

浄土門の側からは聖道門の代表のように見られる禅に少し親しむと、いわゆる行（自力の修行）の捉え方が、浄土門に比べてより徹底しているのではないかと思わせる文章に出遭うことがよくある。例えば、臨済は、悟りに至る実践の行としてあげられる布施・持戒・忍辱・精進・禅定・智慧の六波羅密（六度）を説いているのが仏法であると一般に考えられているようだが、そうではないと言う（「六度万行を以って仏法となすと説くが如きは、是れ仏法に非ず」『臨済録』）。おそらく、彼にはこれら六波羅密を修することによって、悟りに至るのではなく、自心（**本心＝一心**）を知るならば、それらは自ずと具わっているという考えのようだ。さらに、黄檗は仏道を歩むについて次のように言う。

ただ直下に頓に自心本来是れ仏なりと了して、一法の得べき無く、一行の修すべき無き、これは是れ無上の道なり。これは是れ真如仏なり。

黄檗『伝心法要』

浄土門は他力であり、禅をはじめとする聖道門は自力であると一般には考えられているが、黄檗の言葉に虚心に耳を傾けると、成道・成仏のために、もともと行（自力の修行）など必要なかったのではと思わせる。その背景には、釈尊が出家し、数年の間、修行（苦行）に励むが、終にはそれを放棄し、樹下禅定に入ったとき、ただ「一心の法」を覚り、覚醒したのだとする、黄檗自身の成道理解があったろう。そして、彼が「自心本来是れ仏なり」と言うとき、自心とは**一心**

あるいは**本心**を指していることは明らかで、彼には「本心の仏」（本心仏）という言葉もあったように、**本心**が仏に他ならないから、われわれがその心に付け加えるべきものもなければ、またことさら修すべき行があるわけでもなく（「一行の修すべき無き」）、ただその心を知りさえすれば、それが悟りとなり、また成仏（真如仏）ともなる。だから、黄檗は自心（**本心＝一心**）を知ることが「無上の道」であるとしたのだ。さらに、自心を知り、覚ったからといって、つまり仏に成ったからといって、われわれは新たに何かを手にするのではない。というのも、**本心**（本心の仏）は見失うことはあっても、それを無くしてしまうことはなく、見失っていた心（仏）を再発見したに過ぎないがゆえに、「一法の得べき無く」と彼は言ったのだ。

3　我が心を明らめる

今日、もっとも問題になっているものが心であるにもかかわらず、心というものをどう理解し、またどう扱えばいいのか、よく分からないというのが偽らざるところではなかろうか。早く、釈尊が「ものごとは心にもとづき、心を主とし、心によって作り出される」（『真理のことば』）と言ったように、行為の基本に心がある。そして、ものごととはわれわれが毎日経験し、また目にしている生死・善悪・愛憎・苦楽・毀誉・損得……の悲喜劇すべてを指しているが、それらはいずれもわれわれ自身の心から生じてくるということだ。しかし、仏教はこの二元葛藤する世界（世間＝生死流転の家）にあって、如何にうまく世渡りをし、生き延びるかなどを説いているのではない。むしろ、これら二元性を生み出す心に誑かされることなく、一元性の世界（出世間＝涅槃の城）へと帰って行きなさいと教えているのだ。

善し悪しの文字をも知らぬ人は
まことのこころなりけるを
善悪の字知りがおは
おおそらごとのかたちなり

親鸞『正像末和讃』

『歎異抄』の中で親鸞が「善悪のふたつ、総じてもて存知せざるなり」と言ったことはよく知られている。それを、善悪の基準も社会の慣習や伝統によって一義的に決めかねる相対的なものでしかないと一応は納得できよう。しかし、この『和讃』を見る限り、善悪も全く違った風に理解される。というのも、善悪という観念すら心に浮かぶことのない境地（善悪の彼岸＝一元性の世界）に達した人こそ二元葛藤の根底にある心（妄心）を超えて、「まことのこころ」を知った「まことのひと」（『正像末和讃』）であり、それこそ親鸞が人間の本来あるべき姿と見なしていたものである。ところが、目を世間にやると、自分は一端の人間でもあるかのように（たいていは識者であり、学者でもあるから）是非善悪を喋々と論じ、自己主張して止まない大嘘吐きがいるが、いまだ是非善悪に拘泥しているようでは、仏教が説く真理（出世間の法）には、ほど遠い戯《たわ》け者に過ぎないというわけだ。

さらに、龍樹が「善悪を分別するが故に、六道あり」（『大智度論』）と言ったように、善悪を知っているかのように振る舞っているから、より正しくは、それこそ妄分別であるから、六道輪廻する世界から逃れられないのだとしたら、倫理・道徳を説くことに何ほどの意味があるのか、一度は考えてみなければならないであろう。もちろんそれは、われわれの社会から善悪の基準を廃無することではなく、生死出離を問題にする場合ということであるが……。

ともあれ、この事実は、世間（俗諦＝人の道）と出世間（真諦＝仏の道）、あるいは倫理と宗教（仏教）の間には超え難い溝があることを示している。というのも、世間において、行為の尺度は善悪であり、また法律に照らして、是非を問うことであるが、出世間は是非善悪の彼方にあるからだ。宗教は**生死善悪**をはじめとする二元性を問題にしているのではなく、その根底にある心を問題にしている。しかも、心はただ心というだけではなく、仏の可能性をも宿しているのであるから、われわれは法（仏法）を求めてどこに赴くこともなく、自らの心の他に尋ね求むべきものなど本当は何もないのだ。

夫れ法を求むる者は、応に求むる所なかるべしと。心の外に別の仏なく、仏の外に別の心なし。善を取らず、悪を捨てず、浄穢の両辺にともに依怙せず。

『馬祖の語録』

善といえるほどのことを為すことは難しい。否、親鸞も言ったように、悪性はなかなか止められないのが人間という生き物なのだろう。しかし、そんな自分をことさら貶めるのではなく、むしろ善を取らず、悪をも捨てず、ただひたすら自らの心（自心）に尋ね入ることが、仏道を歩むことなのだ。浄土門の人々がときに見せる、自虐的とも映る自己否定が仏道を歩む場合の最後のバリアーになっていると気づいている人は少ない。すでに述べたように、聖道・浄土の祖師方の自己理解（機の深信）は何ら変わるところはない。その上で彼らは「善を取らず、悪を捨てず」、ただ自らの心（自心）に仏法（真理）を求めたのである。

縦い你多知を学得し、勤苦修行し、草依木食すとも、自心を識らず、ことごとく邪行と名ずく。かならず天魔の眷属とならん。（中略）仏は本と是れ自心の作るもの、なんぞ文字の中に向って求めることを得んと。

黄檗『伝心法要』

馬祖が「心の外に別の仏なく、仏の外に別の心なし」と言ったことを、黄檗は「仏は本と是れ自心の作るもの」と言ったが、たとえ学問をし、物知りになったとしても、あるいは修行と称して、苦行に励もうとも、自心（**本心**）を知るのでなければ、すべては邪行であるばかりか、仏法を妨げる悪魔ともなろう、と黄檗は言う。いずれも仏教というものが、如何にわれわれ自身の心と深く結びついているかを示す端的な例であるが、機が熟し、われわれが仏道を歩み出し、本当に解脱（生死出離）の道を目指し、成仏の可能性を探る場合、必ずやわれわれは自分自身の心と向き合うことになる。だから、親鸞も初めに**心を行願（本心）に用ひず、称名念仏のみを所作とせば、永劫を経るとも仏果に至り難し**と言い、さらにわれわれがたまたま仏教と出遭い、仏道

（生死出ずべき道）を歩むことにでもなれば、何はさておき自分自身の心（**本心**）を明らかに知るのでなければ、とても成仏（往生）は成り難く、そのために何を試みようと、すべては雑毒雑修の善に過ぎないというので、彼は**信心ある人に言ふ、只我が心を明らむ外は雑行なり。この雑行を止めよと教え諫むるなり**と言ったのだ。

聖人は心を求めて仏を求めず、愚人は仏を求めて心を求めず……罪は心より生じ、また心より滅すと。故に知る善悪皆な自らの心に由ることを。ゆえに心を根本となす。もし解脱を求めんとせば、先ず須らく根本を識るべし。

慧海『頓悟要門』

仏を求めて努力する人の姿は外目には立派な求道者と映るかもしれないが、慧海は求めるべきは心であって、仏ではないと言う。というのも、世に輩出したであろう多くの聖人（覚者）といわれる人たちは、仏を求めたのではなく、自らの心を明らかに知ろうとしたのだ。なぜなら、心の他に仏があるのではなく、心を知れば仏ともなり、また生死を離れる（解脱する）ことにもなるからだ。しかし、何度も言うように、その心は**生死善悪**を作り出し、われわれを輪廻の軛に繋ぎ止めている妄心（**散心**）ではなく、その源にある**本心**（心源）を知ることであるから、慧海も「もし解脱を求めんとせば、先ず須らく根本（心源）を識るべし」と言ったのだ。

世情が混乱し、人心が乱れるのも、われわれが本有の心（**本心**＝**一心**）を知らず、心（妄心＝**散心**）に誑かされて、**生死善悪**がともに心から生じて来ることを知らない根本的な無知に起因している。言い換えれば、ただ個々の問題の解決を図るだけでは、一向に混乱は収まらないということだ。というのも、心が良くも悪くも混乱を招いている元凶であるにもかかわらず、その同じ心でもって解決を図ろうとするところに土台無理があるのだ。百歩譲って、慧海のように、心の解明を解脱（生死出離）に結びつけることはなくとも、今日の現状を打開するために、掛け声ばかりではなく、一度は真剣に心と取り組むのでなければ、世情は徒に乱れるばかりであろう。もちろん、人心（妄心＝**散心**）に対して仏心（真心＝**本心**）があることを説いているのが仏教であり、**只我が心を明らむ外は雑行**であるがゆえに、いかなる行為も実を結ばぬばかりか、生死輪廻に繋ぎ止める罪業（カルマ）にもなりかねないのだ。**我が心**を明らめることの大切さをいうのは中国の禅家だけではない。

たとえ恒沙の書を読むも　一句を持するに如かず
人ありてもし相い問わば　如実に自らの心を知れ

良寛『草堂詩集』

われわれは本からたくさんのことを学ぶ。そして、専門的な知識や幅広い教養を身につけることはその人の人生を豊かにもしてくれるというのが、一般良識に適った見方であり、私とてそれに異議を唱えるつもりは毛頭ない。しかし、今日われわれの周辺に溢れるほど情報は飛び交っているにもかかわらず、人として生まれたわれわれにとって、本当に必要なものは何かが伝わってこないのはなぜか。相変わらず、識者から年端のいかない子供までもが、一度しかない人生を悔いなく生きると繰り返すばかりだ。しかし、これだけのことを言うのに専門的な知識など必要としないし、識者や学者といっても、所詮は生の理解に関しては、年端のいかない子供とさして変わることがないことを露呈してはいないか。

ともあれ、良寛の生きた時代にも、いわゆる読書家がいたのであろう。彼らは、本を通してたくさんの知識を身につけ、仏教の教えだって理解していたかもしれない。しかし、それと仏道(仏に成る道)を歩むこととは全く異なるアプローチなのだ。黄檗も「仏は本と是れ自心の作るもの、なんぞ文字の中に向って求めることを得ん」と言ったように、文字や数式(学問)を追っかけ、詮索している限り、仏教の本来の目的からはますます離れていくばかりであろう。その非を糺すために良寛は、人生において大切なことは多くない、ただ一つ「如実に自らの心を知る」、つまり心を真実の相において知ることであると言う。

もちろん、真実の相とは、いわゆる心(妄心=**散心**)ではなく真心(**本心**=**一心**)を指している。彼には何を知るよりも、その心さえ知ればいいのだという想いが、「一句を持するに如かず」という言葉の中に込められている。すると『歎異抄』に見える「学問をむねとするは、聖道門なり、難行と名づく」という聖道門批判が如何に的外れであるかが分かるであろう。彼らもまた、親鸞が**信心ある人に言ふ、只我が心を明らむ外は雑行なり**と厳しく諭したように、心をその実相において知ることの大切さを説いていたのだ。

如実に自らの心(自心)を知ることの大切さは、空海が真言密教を開く場合に所依の経典とした『大日経』の中にも見られる。

「秘密主よ。云如が菩提とならば、いわく、実の如く自心を知る」と云うは、すなわちこれ如来の功徳宝所を開示するなり。人の宝蔵を聞いて意を発して勤求すといえども、もしその所在を知らざれば、進趣するに由なきが如し……。問うていわく、もし即心これ道ならば何故に衆生は生死に輪廻して、成仏することを得ざるや。答えていわく、実の如く（自心を）知らざるを以ての故に……

『大日経疏』

悟り（菩提）とは一体何かを『大日経』はきわめて明快に「実の如く自心を知る」ことであるとした。如来（仏）が悟りを得たとき、何を覚ったのかというと、彼自身の心（**本心**＝**一心**）にすべての智恵・徳相は本より具わっているという事実であった。しかも、それはひとり彼だけではなく、われわれの誰もが本来有している**一心**の法（真理）なのだ。だから、われわれもまた、自らの力（自力）を恃んで、善行を修し、功徳を積むことによって悟りを得るというのではなく、自らの心（自心）を知りさえすればいいということだ。ここに仏教は、その初めから、成仏、あるいは成道ということが自力（自力作善）ではなく、敢えて言えば、すでに与えられたものとしての他力（**一心**の法）であったことが分かる。否、自力・他力という区別を超えて、仏道を歩むとは、われわれ自身の心の中に宝蔵（先に白隠が「宝の中にありながら」と言ったこと）を見出してくることであったのだ。

しかし、心を知ることが即ち仏道（「即心これ道」）であるなら、自分の心は自分が一番よく知っているではないか、それなのになぜ人は今に至るまで生死に輪廻して、成仏することができないでいるのでしょうか、という問いに対して、それは「実の如く（自心を）知らざるを以ての故に」と答えている。つまり、われわれが知っている心は輪廻生死の根元にある妄心（妄念＝**散心**）であって、真心（**本心＝一心**）ではないということだ。このように心を理解した空海は、「自心」を一歩踏み込んで「自心の仏」、あるいは「一心の仏」と読み替え、またわれわれの心に**本心**と妄念の二つあることを説いたことはすでに述べた。

さらに空海は、自心（**本心＝一心**）を知れば仏ともなることから、即身成仏の教えを説いたが、仏というのもわれわれ衆生を離れて存在するのではないことを、彼は自らの体験からよく知っていた（「仏身すなはちこれ衆生身、衆生身すなはちこれ仏身なり。不同にして同なり、不異にして異なり」『即身成仏義』）。浄土門の人々から、禅にもまして奇異の目で見られがちな即身成仏という思想も、仏教本来の考えに基づくごく当然の帰結であったことが分かる。むしろ、それが分からなかったのは、浄土門を引き継いだ後世の人々の自心を明らめる不徹底からくる無知にあったのかもしれない。**信心ある人に言ふ、只我が心を明らむ外は雑行なり**と言った親鸞の言葉を、今日われわれは（殊に浄土門の人々は）銘記すべきであろう。

とはいえ、同じ空海が「衆生は悟らずして長夜に苦を受け、諸仏はよく覚つて常恒に安楽なり」と言ったように、仏とわれわれ衆生の間には大きな隔たりがあることもまた否めない事実である。しかし、その一方で、衆生本来仏であるがゆえに（「仏慧の照らすところは、衆生即仏なり。衆生の体性と諸仏の法界は本来一味にして都て差別なし」『平城天皇灌頂文』）、親鸞的には、**阿弥陀仏とは、我が心の異名**であるがゆえに、仏と衆生は不同にして同、不異にして異ということになる。それを比喩で言えば、水と氷の関係にあるが（白隠、抜隊の場合）、空海はその違いを、花を例にとり、われわれ凡夫の心が内側に宝蔵（仏性＝如来蔵）を懐きながら、いまだ固く閉ざした蕾のようなものであるのに対して、仏の心はそれが開花している状態にあることを、次のように詠んだ。

凡夫の心は合蓮華の如く
仏心は満月の如し

空海『秘蔵宝鑰』

人間の無知と愚昧さを徹底的に知りぬいていた空海が、一方で人間の高貴な可能性をこの詩に託していたことが分かる。さらに彼が、「一切衆生の身中にみな、仏性あり、如来蔵を具せり。一切衆生は無上菩提の法器にあらざることなし」（『十住心論』）と言ったように、生死に迷うわれわれ衆生もまた、過去に輩出したであろう無数の仏たちと同様、悟りの器（無上菩提の法器）ならざるものはひとりもいないというのが、空海の人間理解であったのだ。

私は親鸞の人間理解も『要文』を見る限り、そうであったと思いたいのだ。というのも、親鸞を語る場合、多くは前者を強調する余り、後者の可能性を必要以上に貶めるようであるが、人間は決してそうではないはずだ。仏（阿弥陀仏）とは、われわれの**心の異名**であるから、当然のことながら、成仏の可能性は自らの心を明らかに知ることに他ならない。しかし、それはいずれも人間の延長上に安っぽい理想主義を掲げることではなく、空海ならば、心を凡夫の心と仏心に、また親鸞ならば**散心**と**本心**の二つに分け、**人の貪、瞋、痴の三毒に惹かるる剛強の自力**の心（**散心**＝凡夫の心）を捨てて**明明たる本心**（仏心）を知るならば、それが悟りともなれば、成仏ともなるがゆえに、親鸞は**信心ある人に言ふ、只我が心を明らむ外は雑行なり**と生死に迷うわれわれ衆生に強く諭し、同様に空海は、「如実知自心（実の如く自心を知ること）」の肝要を説いたのだ。そうすれば、人間の固い表皮の殻（自我）が除かれ、その内側から功徳の宝蔵は願わずとも行者の身に満ちるであろうということだ。

そして、釈尊が世に出て法を説いたのも、われわれの**本心**（**一心**）に本より具わるこの功徳の宝蔵（功徳の宝珠＝如来蔵）を説かんがためであったのだ。それを『大無量寿経』が「真実の利」と呼んだことは、親鸞が「釈迦、世に出興して、道教を光闡して、群萠を拯《すく》い恵むに真実の利をもってせんと欲してなり」と主著に引用している通りで、それはわれわれ衆生の無明の闇を照らす灯火であり、しかも、それはあなた自身の心（**本心**＝**一心**）にすでに具わっているではないか。だから、早く心に尋ね入り、深くその心（信心＝信楽＝**本心**＝**一心**……）を崇めなさいと彼が言うのも無理なく理解されよう。

いま庶わくは道俗等、大悲の願船には清浄の信心を順風とし、無明の闇夜には、功徳の宝珠を大炬とす。心昏く識寡なきもの、敬ひてこの道を勉めよ。悪重く障多きもの、深くこの信を崇めよ。

親鸞『浄土文類聚鈔』

4 悟りの論理

われわれは永遠の故郷である法性の都を離れ、二元葛藤する迷いの世界へと退転してきた。そして、生々死々を繰り返すうちに、いつしか帰るべき故郷があることをすっかり忘れ、生死輪廻する幻影の世界で人の道を説くばかりで、もう一つの大いなる道（大道＝仏道）があることを誰も教えてはくれない。この仏の道（大道）と人の道（人道）の二つが存在すること、また後者の道が前者の道に繋がっていかないところに今日、人の道を説くばかりでは決して打開されることのない閉塞状況が続いていると気づいている大人は本当に少ない。これら二つの道を見事に語るものとして、一休宗純がいる。

大道廃る時　人道立つ
智慧を離出して　義深く入る

一休『狂雲集』

大いなる道（大道＝仏の道）が廃れ、人間の脳裏からすっかり抜け落ち、もはや人の耳目にとまらなくなった時、人の道（人道）だけが問題になる。仏の智慧（仏慧）から離れた愚迷の輩は、徒に意味（義）を詮索し、喋々と人の道を説きはするが、一向に人の世の混乱は収まりそうにないばかりか、ますます昏迷を深めていく、という意味だ。そして、この根底にあるのが心であり、心が良くも悪くも二元葛藤する生死の世界を作り出すところに、人の世の限界と不完全性が存在することを忘れてはならない。というのも、われわれの心というものが不覚に依って生じた妄心（不覚妄心）であり、**生死善悪**をはじめとする二元相対の世界を生み出す文字通り分別心であるからだ。

このように、大いなる道（仏の道）が廃れたところから人の道が始まったと知る知識人や教育者が果たしてどれだけいるであろうか。いわんや、大道から逸脱し、存在のリアリティが分からなくなった結果として、人間の知的営為（先に世間知と呼んだもの）は起こり、それと共に真偽、正邪、狡知と隠蔽などが始まったと知るに至ってはなおさらだ。確かに、人間は少しばかり知的、論理的に考え、理性的に振る舞いはするが、一方で、大人社会（国家）から子供に至るまで、言葉巧みに理論武装し、悪巧みや策略を計ることに世情は事欠かない。

われわれはこんなところで人間はどうあるべきか、真理とは何かを思考と分析を重ねながら、果てしない議論をするが、もぐら叩きのように問題はさらなる問題を生み、一体全体この混乱は何なのか、その本当の原因は何かを問う暇もないという有り様なのだ。もっとも、そんな悠長なことを考えていては競争社会を勝ち残れないということであろうが、仏教はかくまで体たらくな人間の内側に、この世を超える智慧（それを世間知に対して出世間智という）があることを説こうとする。つまり、われわれは今、自らの心（妄心＝分別心）に迷惑して、生々死々を繰り返す常没の凡夫であるが、その本源に智慧（悟りの智慧）があることに気づいていないと。

菩提般若の智は、世人に本よりこれ有り。ただ心に迷うによりて、自ら悟ることあたわざるのみ。愚人も智人も、仏性は本より差別なし。ただ迷悟の同じからざるによりて、ゆえに愚有り、智有るなり。

慧能『六祖壇経』

世人（生々死々する世間にあって、ただ生き急ぐだけのわれわれ自身のこと）は世間知を駆使して是非を論じ、議論に耽るが、その内側に悟りの智慧（菩提般若の智＝出世間智）を今も携えている。とはいえ、それを知るものとそうでないものの間に大きな隔たりがあることは確かで、生死に迷う衆生であるか、覚って仏となるかの違いなのだが、慧能はそれを端的に愚人と智人の二つに分ける。しかし、この違いは、いわゆる知識が有る無しではなく、悟りの智慧の有無が人をして愚人と智人に分けるのだ。しかし、その智慧は、覚・不覚にかかわらず、われわれの心（**本心**）に本より具わっているものであって、その意味で、愚人と智人はその本性（自性＝仏性）において何ら変わることがないので「愚人も智人も、仏性は本より差別なし」と彼は言ったのだ。

今日、われわれの社会は知識（世間知）に偏重する余り、本有の智慧（出世間智）について語られることは殆どない。前者が不要であるというのではなく、それは世渡りの手段であって、仏教は後者を知ることの大切さを説いているのだ。生まれてこのかた、如何にたくさんの知識や技術を身につけ、また新たな発見をなし、学問の発展にどれほど寄与したとしても、それは仏教がいう智者では断じてない。逆に、いわゆる知識人ではないけれども、無名の人の中に智者がいることもまた事実なのだ。それもこれも世間と出世間を分ける判断基準が全く異なっているからだ。

浄土門の法然だけではなく、聖道門の最澄が、仏道を修する場合、愚者となりてと言うのも、ただ愚に徹してというだけではなく、いわゆる知識（仏教の知識も含む）を誇るなど、宗教的には無知以外の何ものでもない、つまり愚者に過ぎないとはっきりと自覚し、今生において一度は、身につけたくさぐさの知識（世間知）を脇に置き、自らの本性（自性＝仏性）に徹して（「是非一回、自性の本源に徹底すべきぞと励み進みたまふべし」白隠『遠羅天釜続集』）、自己本有の智慧（出世間智）に目覚めようとしたのだ。それを知ることが悟りともなれば、また解脱（生死出離）ともなるからだ。親鸞ならば、**我が心を呼び返し呼び返し、散乱の心を止むるがための方便**である念仏を通して、是非一回は**明明たる本心（自他差別なき一心）**を知るのでなければならないということだ。

われわれが本来具えている智慧（悟りの智慧）に目覚めるかどうかが仏教の眼目であり、それに目覚めたものを智者、すなわち覚者（仏陀）ともいい、それを知らず生死流転の家（サンサーラの世界）を巡っているわれわれを愚者というのだ。もちろん、この愚者は沢山の知識を蓄え、洗練されてもいるが、狡知に長け、計算高く、世渡り上手であるが、この知ある愚者が構築したものが人の世（世間）なのだ。

次に、世間（生死）にとどまる愚者か、はたまた出世間（涅槃）へと渡る智者となるか、その違いを分ける智慧（悟りの智慧）に目覚めるとはどういうことかを考えてみよう。それには唯識学派が説く「三性説」を取り上げるのがいいだろう。三性とは遍計所執性・依他起性・円成実性の三つを指しているが、存在はこの三つの在り方に収まるというものだ。まず三性が互いに如何なる関係にあるかを無著の著作から引用すると、

依他起の自性は、遍計所執の分に由りては生死を成じ、円成実の分に由りては涅槃を成ずる。

無著『摂大乗論』

とある。混乱を来たさないために、遍計所執性とは、これまでの説明から生死（サンサーラ＝世間＝随縁の有）を、円成実性は同じく涅槃（ニルヴァーナ＝出世間＝法然の有）を指し、われわれが辿るべきは生死から涅槃、世間から出世間、つまり遍計所執性を捨てて円成実性を得ることであると、はじめに纏めておこう。その上で、さらに彼の言葉に耳を傾けると、依他起性が後の二つ（遍計所執性と円成実性）の在り方と深く関係していることが分かる。

生死とは、謂く依他起性の雑染分なり

涅槃とは、謂く依他起性の清浄分なり

無著『摂大乗論』

生死と涅槃はともに依他起性の雑染分（迷い）と清浄分（悟り）に相当し、さらに「染（雑染

分）というは、いわく虚妄の遍計所執性なり。浄（清浄分）というは、いわく真実の円成実性なり」とあるように、遍計所執性は虚妄の存在を、円成実性は真実の存在を表している。つまり、存在は生死と涅槃、虚妄（バーチャル）と真実（リアリティ）、遍計所執性と円成実性の二つに分かれるが、それらはともに依他起性の二つの現れと見ることができる。

　ここで、依他起性を心と解して話を進めると（決して唐突な解釈ではなく、三性も識（心）を離れて存在するのではない、とある）、存在が二つに分かれてくるのは、われわれの心（依他起性）に二相あるからということになる。例えば、『起信論』はわれわれの心を妄心（心生滅の相）と真心（心真如の相）の二相に分けたが、心に二相あることから生死（虚妄の世界＝遍計所執性）と涅槃（真実の世界＝円成実性）に分かれてくると考えるのだ。妄心（心の雑染分）でもって世界に対するとき、見るものことごとくが虚妄（バーチャル）の世界となり、真心（心の清浄分）でもって世界に対するとき、見るものことごとくが真実（リアリティ）の世界となる。つまり、妄心（**散心**）ならば生死輪廻する迷いの世界に入っていくが、真心（**本心**）ならば、生死は尽きて悟りの世界へと帰って行くとなろうか。

　このように、唯識学派が説く三性説は、われわれ人間の在り方について、虚妄（迷い）と真実（悟り）を分ける最も深い洞察といえるが、二つに分かれるのはわれわれ自身の認識の主体である心に依るのであり、それを依他起性と解するのだ。そして、この心の有り様によって存在は虚妄（雑染分）ともなれば、真実（清浄分）ともなるので、彼は依他起性を「二分依他」とも言う。

依他起の自性中において、遍計所執の自性はこれ雑染分なり。円成実の自性はこれ清浄分なり。即ち依他起はこれ彼の二分なり。

無著『摂大乗論』

仏教は諸行無常を説いていると言われる。生もいつしか死へと転じ、人は生命の儚さを常に託《かこ》ってきた。そこで、有為転変の世を生きる術として、われわれはその事実を直視し、死をも受け入れる勇気がその悲しみの軽減にもなろうと、仏教者は言う。しかし、それだけのことをいうのに仏教、広くは宗教など必要ないし、ただ死をも甘受するというような消極的な教えでは、決して生死の問題は解決されないであろう。そうではなく、宗教は虚妄なるものから真実なるものを、死すべきもの（生死）から不死なるもの（涅槃）を、常ならざるもの（時間）から常なるもの（永遠）を明らかにしようとしているのだ。古来、人間の俎上に上がってきた、この時間と永遠の問題が、ただ哲学的な議論に終始するのではなく、生きた証として意味をもってくるのでなければ、いつの世も人は死を前にたじろぎ、死への恐怖はなくならないであろう。それについても無著が「二分依他」に即して語っているので、見ておこう。

依他起性の自性は円成実性の分に由ればこれ常なり。遍計所執性の分に由ればこれ無常なり。かの二分に由れば常に非ず、無常に非ず。

無著『摂大乗論』

生死と涅槃、虚妄と真実、さらに時間と永遠すらも依他起性の雑染分（妄心）と清浄分（真心）の二分に依ると、彼は考えているのだ。言い換えれば、心の雑染分（妄心）なら生死輪廻する時間の世界へと堕し、心の清浄分（真心）ならば永遠の世界である涅槃へと帰って行くであろうということだ。以上述べた三性の関係を無著は〈金の土蔵〉の比喩を挙げて説明しているので、その個所を引用してみよう。

譬えば世間の金の土蔵の中に、三法が可得なるが如し。一に地界、二に土、三に金なり。地界の中に於いて、土は実有に非ずして而も現に可得なり。金は是れ実有にして而も可得ならず。火に焼錬せらるる時、土相は現ぜず、金相は顕現す。又、この地界の、土として顕現する時は虚妄の顕現にして、金として顕現する時は真実の顕現なり。是の故に、地界は是れ彼の二分なり。識もまたかくの如し。無分別智の火にいまだ焼かれざる時は、この識中においてて、あらゆる虚妄なる遍計所執の自性は顕現するも、あらゆる真実なる円成実の自性は顕現せず。この識、もし無分別智の火に焼かれたる時は、この識中において、あらゆる真実なる円成実の自性は顕現し、あらゆる虚妄なる遍計所執の自性は顕現せず。この故に、この虚妄分別なる識の依他起の自性には、彼の二分有り。金の土蔵の中のあらゆる地界の如し。

無著『摂大乗論』

地界（大地）を心（識）、土は虚妄、金は真実と解すると、土は実際には存在しない虚妄の遍計所執性を、金は錬成を経て顕われた円成実性（存在のリアリティ）にあたる。地界は現在、土として顕われているが、火に錬成されると金ともなるように、われわれの心（識）もまた二つの顕現形態が可能となる。心（識）がいまだ錬成（浄化）を経ていない妄心（親鸞のいう**散心**）ならば、虚妄の世界が擾々と現れ、真実は見えてこない。しかし、心が錬成を経て、真心（同じく**本心**、あるいは**一心**）となれば真実の世界が顕われ、虚妄の世界は消えてそこにはない。つまり、われわれの心（識の依他起の自性）は虚妄と真実、生死と涅槃、時間と永遠どちらともなり得る。言うまでもなく、現在、われわれが生きているのは前者である。

このように三性の関係を理解したところで、われわれにとって火急の問題は生死（時間＝遍計所執性）から涅槃（永遠＝円成実性）、すなわち虚妄から真実を顕わすことである。つまり、仏教はわれわれ人間に虚妄を捨てて一向に真実を顕わす菩薩の道を勧めているのだ。それについては、『成唯識論』が「広大の転依」を説明する個所を例にするのがいいだろう。

依というは、いわく所依なり、すなわち依他起性なり。染（雑染分）と浄（清浄分）との法のともに所依たるが故なり。染というは、いわく虚妄の遍計所執性なり。浄というは、いわく真実の円成実性なり。転というは、いわく二分を転捨し、転得するなり。（中略）能く依他起性の上の遍計所執性を転捨し、および能く依他起性の中の円成実性を転得す。

『成唯識論』

虚妄から真実を顕わにするという、われわれにとって第一の目的を、三性説で言えば、依他起性の二分である虚妄の遍計所執性を捨てて（転捨して）、真実の円成実性を得る（転得する）ということになる。しかし、虚妄（遍計所執性）と真実（円成実性）を分けているのはわれわれの心（依他起性）の真・妄に依るのであるから、実際は妄心を捨てて、真心を得れば、依他起性の上の遍計所執を転捨し、依他起性の中の円成実性を転得することになる。

この「転依」のプロセスが意味するところは、われわれは虚妄（生死）の世界を捨てることではなく、その根源にある心、すなわち妄心を捨てることによって真実（涅槃）の世界を明らかにすることなのだ。これはよく理解されねばならない。親鸞的に「転依」を言えば、自力の心（妄心＝散心）を捨てて他力の心（真心＝本心）を得ることになるのは、彼が『要文』のはじめに、**我が宗において自力を捨てて他力を取るといふは、人の貪、瞋、痴の三毒に惹かるる剛強の自力（の心）を捨てて、無明の煩悩に汚されざる明明たる本心に基づくということなり**と宣言していることから明らかである。

ややもするとわれわれは、虚妄（生死）の世界を厭い離れ、真実（涅槃）の世界を求めようとする、あるいは虚妄の世界に真実をなるものを作り出そうとするが、宗教とは、この世界を離れたどこかに真実の世界を探し求めるのでもなければ、虚妄に代わる真実を作り出すことでもない。また、そんなことは妄心（**散心**）を生きているわれわれにはもとよりできないことなのだ。虚妄の世界となっているのはわれわれの心に問題があるのであって、世界そのものに問題があるのではない。つまり、心と対峙し心の真実の相、すなわち真心（**本心**）を明らかに知れば（如実に自心を知れば）、虚妄の世界は消え真実の世界が顕現し、生死は涅槃ともなる。だから、親鸞も**信心ある人に言ふ、只我が心を明らむ外は雑行なり。この雑行を止めよと教え諫むるなり**ときっぱりと言ったのだ。

このように、われわれが存在しているこの世界が虚妄の世界（穢土＝生死）であるか、真実の世界（浄土＝涅槃）であるかということは、われわれの心の問題であって、修行を重ね、功徳を積むことでもなければ、いわゆる善人になることでもない。まして、正義感から、この矛盾に満ちた世界に直接手を下し、改革したりすることではなく（それは政治の問題であるが、政治がこの世をどのように変革しようとも、それが地上のユートピアであろうとも、それもまた虚妄の世界なのだ）、われわれ自身の心が真実であるか、虚妄であるかという問題なのだ。従って、虚妄の世界を厭い捨てることでもなければ、まして真実の世界を地上に作り出すことでもなく、妄心（**散心**）を捨てて真心（**本心**）を得れば、あるいは**自力（の心）を捨てて他力（の心）を取る**ならば、虚妄の世界（遍計所執性）は消え、後には真実の世界（円成実性）が現成しているということだ。

そうすると、この世が真実となるか、虚妄となるかはわれわれ一人ひとりの問題ということになる。というのも、心の真・妄など一体誰の問題であるというのか。まして、真心（**本心**）を翳しているのがあなたの妄心（**散心**）であるなら、なおさらだ。親鸞的に言えば、**人の貪、瞋、痴の三毒に惹かるる剛強の自力（の心）を捨てて、無明の煩悩に汚されざる明明たる本心に基づく**ことになるかどうかは、あなた自身の問題であるということだ。言い換えれば、あなたに代わって真実を齎すことは誰にもできないし、あなた自身が真実を明らかにするのでなければ、あなたはここが、より正しくは、あなたが捉えている世界が、虚妄の世界であるとも知らず、生々死々を繰り返す迷道の衆生にとどまることになる。

われわれの心が真実であるか、虚妄であるかによって、世界もまた真実と虚妄の二つに分かれてくる。『起信論』はそれを真心と妄心、親鸞は**本心**と**散心**、空海は**本心**と妄念に分けたが、妄心、**散心**、妄念……どう呼ぼうとも、すべては同じ内実であり、それはわれわれが普通に心と呼んでいるものである。その心でもってわれわれが世界を見るとき（現在そうなっているのだが）、それが三界生死の虚妄の世界となっているに過ぎない。従って宗教とは、『起信論』的に言えば、妄心を除いて真心を用いる、親鸞的に言えば、自力の心（**散心**）を捨てて他力の心（**本心**）を取る、空海的に言えば、妄念を滅して**本心**に帰すとなろう。要は、心（妄心）から心の本源（心源＝**本心**）へと帰って行くことなのだ。このように、**本心**（真心）に基づくとき、われわれは一真実の世界（一法界＝第一義諦＝真実の円成実性）を知ることになるので、その体験を無著は「真智の覚」、すなわち真の知識（出世間智）に目覚めると言ったのだ。この真智に目覚めたものを覚者、あるいは智者と呼ぶが、この覚醒をめぐって微妙、かつ重要な問題が提起されているので、それを最後にみておこう。

もし覚時において、一切の時処に、みな夢等の如くただ識のみありとせば、夢より覚むればすなわち夢中にはみなただ識のみありと覚するが如く、覚時には何故にかくの如く転ぜざるや。真智に覚めたる時は、またかくの如く転ず。夢中にありてはこの覚は転ぜず、夢より覚めたる時、この覚すなわち転ずるが如く、かくの如くいまだ真智の覚を得ざる時は、この覚は転ぜず。真智の覚を得れば、この覚すなわち転ず。

無著『摂大乗論』

朝、目を覚ますと、昨夜見た夢は消え、新たな一日が始まる。眠っているとき、夢は確かに存在したが、目覚めると夢は消えてない。夢は心（識）が投影した、文字通り夢幻であったと誰もが経験から知っている。しかし、一日が始まるこの現実もまた心が作り出した幻影（「自心所現の幻境」）と知る人は少ない。それを仏教は「三界唯心」と纏め、唯識学派は「虚妄の遍計所執性」と言ったのだ。要するに、いわゆる現実（三界）も夢のように、ただ心（識）が投影した虚妄の世界に過ぎないということだ。

そうすると、目覚めれば夢が消え去るように、現実もまた消えて、真実を知るに至らないのはなぜであろうかという素朴な疑問がわいてくる。つまり、夢から覚めるように、どうして虚妄の世界（遍計所執性）が消え、真実の世界（円成実性）を知ることができないのでしょうかという問いなのだ。それに対して無著は、あなたが真の認識に達していないから、と答えている。もし真の知識に目覚めるならば（真智の覚）、昨夜見た夢が消え去るように、現実といわれる虚妄（バーチャル）の世界はそこになく、その後から真実（リアリティ）の世界が了々と顕われてくるであろうということだ。

目覚めれば夢が心の作り出した幻影であったと知るように、さらに真智に目覚めれば、われわれが現実だと思っているこの世界（三界）もまた、心（識）が作り出した虚妄に過ぎなかったと知るのだ。換言すると、われわれが現実と思っているこの世界もまた夢と同じ素材からなる幻影の世界であり、またそれだからこそ、夢から目覚めるということがあるように、現実という夢（生死の夢）からも覚めるということがあり得るのだ。逆に言うと、夢から目覚めない限り、夢は続いていくように、真智に目覚めない限り、現実が夢だと分からないまま、生死の夢はいつ果てるともなく続いていくことになる。そして、後者から目覚めることを「真智の覚」といい、これが仏教の目指す悟りであり、かく真理に目覚めたものを覚者（仏陀）と呼び、この覚・不覚が宗教における智者と愚者に分けているのだ。このように、「真智の覚」とは、われわれが真の認識に達するとき、いわば現実という虚妄の世界（随縁の有）が消え、その後から真実の世界（法然の有）が立ち顕われてくる、そんな体験をいうのだ。

5　二河白道の比喩

彼岸に達する人々は少ない。他の多くの人々は此岸でさ迷っている。（中略）真理に従う人々は、渡り難い死の領域を超えて、彼岸に至るであろう。

『真理のことば』

彼岸という言葉を人は知っているだろう。しかし、その対極にある此岸を知る人は少ない。彼岸とは、春秋の彼岸会などから連想されるように、一般的には、亡くなった人が行き着く所であると思われているのに対して、われわれが今いる所を此岸という。しかし釈尊は、彼岸に達する人は少ないと言う。その意味は、死者の誰もが彼岸の世界に到達するのではないということだ。浄土教的に言うと、死ねば誰もが浄土に帰る（還浄する）とは限らないということだ。

それは当然のことで、釈尊は此岸の世界でさ迷っているわれわれ衆生に彼岸の世界があることを示し、そこに至る方法（道）を説いたのであるから。彼岸と此岸を涅槃の世界と生死輪廻する迷いの世界と言い換えると、釈尊はわれわれ人間を生死輪廻する迷いの世界（此岸）から涅槃の世界（彼岸）へと連れ戻そうとしていたのだ（これが覚者に共通する本願であった）。だから、われわれもいつかその道（仏道）を辿り、真智に目覚めるのでない限り、彼岸に達することはありえないし、何よりも、死ねば誰もが彼岸の世界に到達するというのであれば何も問題はなかったはずだ。まして、釈尊が世に出て、法（真理）を説くなどおかしなことになる。

それはともかく、彼岸に到達しなかった死者はどうなるのであろうと疑問に思う人には、後で詳しく取り上げるが、結論から言えば、真智に目覚め、本当の意味で彼岸（涅槃の世界）に到達するのでない限り、誰もが行き着く死後の世界もまた（それを親鸞は「後世」と呼んだ）、生々死々を繰り返す此岸（迷いの世界）の一つに過ぎないということだ。ともあれ、この短い釈尊の言葉の中に、ややもすれば誤解されやすい仏教のエッセンスが纏められている。此岸と彼岸を浄土門の人々が好んで引き合いに出す「二河白道の比喩」でいうならば、東の岸（東岸）と西の岸（西岸）ということになろう。

譬えば、人ありて西に向かいて行かんと欲するに百千の里ならん、忽然として中路に二つの河あり。一つにはこれ火の河、南にあり。二つにはこれ水の河、北にあり。二河おのおの闊《ひろ》さ百歩、おのおの深くして底なし、南北辺なし。正しく水火の中間に、一つの白道あり、闊さ四五寸許なるべし。この道、東の岸より西の岸に至るに、また長さ百歩、その水の波浪交わり過ぎて道を湿す。その火焔また来りて道を焼く。水火あい交わりて常にして休息なけん。（中略）時に当たりて惶怖《こうふ》すること、また言うべからず。すなわち自ら思念すらく、「我今回《かえ》らばまた死せん、住《とど》まらばまた死せん、去《ゆ》かばまた死せん。一種として死を勉《まぬか》れざれば、我寧《やす》くこの道を尋ねて前に向こうて去かん。すでにこの道あり。必ず度すべし」と。この念を作す時、東岸にたちまちに人の勧むる声を聞く。「仁者《きみ》ただ決定してこの道を尋ねて行け、必ず死の難なけん。もし住まらばすなわち死せん」と。また西岸の上に人ありて喚うて言わく、「汝一心に正念にして直ちに来れ、我よく汝を護《まも》らん。すべて水火の難に堕せんことを畏れざれ」と。（中略）「東岸」というは、すなわちこの娑婆の火宅に喩うるなり。「西岸」というは、すなわち極楽宝国に喩うるなり。「水火二河」というは、すなわち衆生の貪愛は水のごとし、瞋憎は火のごとしと喩うるなり。「中間の白道四五寸」というは、すなわち衆生の貪瞋煩悩の中に、よく清浄願往生の心を生ぜしむるに喩うるなり。いまし貪瞋強きによるがゆえに、すなわち水火のごとしと喩う。善心微なるがゆえに、白道のごとしと喩う。

親鸞『教行信証』

東岸（此岸）である火宅無常のこの世界から西岸（彼岸）の極楽浄土へと伸びる一本の狭い道（白道）がある。しかし、その道を歩み出したものの、貪愛と瞋憎の水火の二河に洗われ、とても中間に架かる白道を渡りきることはできないように思われる。今や、進むことも、退き返すことも、その場に立ち尽くすこともできない、ただ為す術もなく死を待つばかりである（これを三定死という）。すると、東岸から前進せよと勧める人（釈尊を指す）の声がする。といっても、彼はすでにこの世にないから、多くの人々はこの生死の世界（此岸）にあって、迷いを深めるばかりである。たじろぐことなく、涅槃の世界（彼岸）へと渡って行きなさいという彼の教えに促され、また西岸に人ありて（阿弥陀仏を指す）、水火の河に落ちることを恐れず、こちらに渡って来なさいと呼ぶ声がする。そこで再び勇気を奮い起こし、直ちに一筋の白道を東岸から西岸へと渡り、安穏の境地に至るというものだが、われわれの心の中にも浄土往生を願う一分の「善心」があることを白道に譬えているのである。

この比喩を単なる願生浄土の説明としてではなく、実践的なプロセスとして見た場合、浄土門の人々がどのように理解しているのか私はよくは知らないが、多くの場合、通り一遍の解釈で終っているのではないかと思われるので、比喩が意味する本当のところは何か、『要文』を参考にしながら私見を述べておこう。

東岸（此岸）とはわれわれが今いる生死輪廻する迷いの世界（随縁の有）を、そして西岸（彼岸）とはわれわれが帰るべき西方浄土（法然の有）を指している。すでに述べたように、前者の根底には無明を本質とする妄心（無明妄心）があり、それ故の生・老死（十二支縁起）であった。それを親鸞は**貪、瞋、痴の三毒に惹かるる剛強の自力**（の心）と呼び、物・主義・地位・名誉……に執着し、決して落ち着くことがないというので**散乱の心**とも言った。しかし、その本源には**無明の煩悩**によっても汚されることのない**明明たる本心**があり、それは比喩にある「善心」を指している。しかし、われわれはこれまで、不幸にして、それ在ることを教えられてこなかったし、今やその心（善心＝**本心**）は、われわれが**散心（無明の煩悩）**でもって翳すがゆえに殆ど見定め難い微かな存在となっている。

次に、東岸にあっては釈尊の声、また西岸にあって「汝一心に正念にして直ちに来れ、我よく汝を護らん」と喚うのは阿弥陀仏である。しかし、**その阿弥陀仏とは、我が心（本心）の異名**であり、それはわれわれの心の本源（心源）を指していた。すると、東岸（此岸）から西岸（彼岸）に直ちに進むべきとは、心（**散心**）から心の本源（**本心**）へと辿って行くことに他ならない（白隠が「西方は自己の心源なり」と言ったことを思い出して頂きたい）。しかも、「大海水波の比喩」（六〇ページ参照）で説明したように、いわゆる心（**散心**）も、波が海を離れて存在しないように、心源（**本心**）を離れて存在するわけではないから、「二つの岸、あい去ること近し」というのも頷けるであろう。言い換えれば、生死の世界（此岸）と涅槃の世界（彼岸）、三性説で言えば、虚妄の遍計所執性と真実の円成実性は離れて存在するのではないということだ。要は、心から心の本源（**本心**）へと辿ることが仏道であり、心源こそ仏（阿弥陀仏）が隠れ住まう浄土であるから、親鸞も初めに、**必ず仏は遠きにあらず、還って我が心（本心）に立ち進むべきこと**と方向を明確に示し、そこに辿り着いて初めてわれわれは生死の世界（此岸＝東岸）から涅槃の世界（彼岸＝西岸）へと帰って行くのである。

『要文』において親鸞は、心の本源（心源＝**本心**）を阿弥陀仏としたのであるから、心（**散心**）から心の本源（**本心**）へと辿ることが二河白道の実践的プロセスということになる。比喩もただそれをなぞるばかりでは真に生きた比喩とはならないことは明らかで、このように理解して初めてその具体的な意味も見えてくる。分かり易く言えば、東岸はわれわれが今いる生死輪廻する此岸を指しているからいいとしても、西岸を何処に定めるかを明らかにしない限り、目的地を決めずに旅に出るようなもので、とうてい水火の二河（生死の大河）を渡り、西岸に辿り着くことなどあり得ないだろう。このように、実際に辿るべき方向（心から心の本源）を知らないとしたら、易行と言いながら、果たして浄土門のどれだけの人が此岸（東岸）から彼岸（西岸）に渡ったのか大いに疑問であるということだ。やはり、釈尊の言うように「彼岸に達する人々は少ない。他の多くの人々は此岸でさ迷っている」ということになるのではないか。しかし、それは浄土門の人々だけではなく、禅の思想家馬祖の言葉を見ると、聖道門の人々（禅の人々が自分たちのことを浄土門に対する聖道門と呼んだ様子もないが）も事情は同じであったようだ。

しかるに源に返ること解《あた》わずして、名に随い相を逐えば、迷情妄起して、種々の業を造る。もし能く一念返照すれば、全体聖心なり。汝等諸人、各々自心に達せよ。

彼もまた、人間は本源（心源＝**本心**）に返ろうとせず、というよりも、そこがわれわれの帰るべき永遠の故郷であることを知らず、ただ徒に生々死々を繰り返すばかりの此岸の世界で迷情妄起して、種々の業を作り、それがさらにわれわれを生死の絆に繋ぎ止めることになっていることなど全く気づいていない。しかし、心の外側（**散心**）から内側（**本心**）へと辿るならば、そこに清澄なる心、すなわち聖心（「二河白道の比喩」にあった「善心」にあたるが、『大経』には「一つには聖心、あまねく一切の法を知ろしめす」とある）の世界が広がっている。だから、一度はあなた自身の心（自心＝聖心＝善心＝**本心**）に辿り着くのでなければならない。しかも、一度でよいというので彼は「もし能く一念返照すれば」と言ったのだ。

このように「二河白道の比喩」は、たとえ現在無明の闇に閉ざされ、広劫よりこのかた生々死々を繰り返す常没の凡夫であったとしても、心の本性である**本心**（善心＝聖心）はその透明性を失ってはいない。もちろん、**貪、瞋、痴の三毒**の波に洗われ、悟りの岸（彼岸）にまで辿り着くためには、殆ど見定め難い白道ではあるが、それあることを信じて、生死輪廻する迷いの世界（此岸）から無為涅槃の世界（彼岸）へと歩み出さねばならないのだ。この**無明の煩悩**に覆われながら、いまだいくばくかの可能性（「微かなる善心」）を宿していることを、空海は「一切有情は心質の中において一分の浄性あり」（本は『菩提心論』にある）と言った。

一切有情は心質の中において一分の浄性あり。衆行、みな備われり。その体、極微妙にして、皎然明白なり。ないし六趣に輪廻すれども、また変易せず。

空海『秘蔵宝鑰』

六道（六趣）に輪廻するわれわれの心の内側に不易の心、すなわち**本心**（空海にとって、それは仏心であり、親鸞にとっては阿弥陀仏に他ならなかった）があるということだ。しかも、その心には本よりすべての智慧・徳相（衆行）が具わり、われわれ人間が改めてそれに付け加えるべきものなどなく、そこは何ら欠けることのない円寂の世界なのだ。その心は微妙にして捉え難い皎然明白な**本心**であるが、それあるがゆえに人間は、外は聞法によりて次第に熏習の功があらわれ（「二河白道の比喩」で言えば、東岸の人＝釈尊の声）、それと呼応するように内から喚う声ならざる声に促され（同じく、西岸の人＝阿弥陀仏の声）、本源の世界へと帰って行くのだ。

末を摂して本に帰すれば、一心を本となす。一心の性は、仏と異なることなし。我が心と衆生心と仏心との三、差別なし。この心に住すれば、すなはちこれ仏道を修す。この宝乗に乗ずれば、直ちに道場に至る。

空海『遺誡』

「末」とは**散心**（妄心＝妄念）のこと、「本」とは**本心**、あるいは**一心**のことである。妄動して止まない**散乱の心**を摂して、**明明たる本心**に帰すれば、そこは衆生と仏とが冥合する**一心**である。というのも、その心は三心（自心・仏心・衆生心）平等の**一心**であり、その心に住して初めて仏道を修すること、つまり自利と利他が円満することになるのだ。親鸞ならば、**我が心を呼び**

返し呼び返し、散乱の心を止むるがための方便である念仏を通して、阿弥陀仏と一つに溶け合う。それは決してこの世に染まぬ未知なるものが一人の人間を通してこの世に現れる一瞬（一念）なのだ。もちろん、それを招き寄せることはわれわれ人間にはできない。それは彼方（彼岸）からの恩寵であり、われわれにできることと言えば、つまり仏教において修行をいうならば、末（**散心**）を摂して本（**本心**）に帰し、その用意を整えることだけなのだ。すると、空海が「入我我入」、すなわち仏が我に入り、我が仏に入ると言ったことが実際に起こり得るのだ。

加持とは如来の大悲と衆生の信心とを表はす。仏日の影、衆生の心水に現するを加といひ、行者の心水、よく仏日を感ずるを持と名づく。

空海『即身成仏義』

人間は苦境に立たされ、己の無力を知らされると、吉凶を占い、加持祈禱に最後の望みを託すものだ。しかし、先に、**神通加持にも心をよせず**とあったように、親鸞は『和讃』などでもそれを否定していた。しかし、空海がいう**加持**とは、まさに仏とわれわれ衆生の心が一つに溶け合う三昧（サマーディ）の状態に入ることを意味している。親鸞的には、**散心**を収めて、心が**本心**の仏（阿弥陀仏）と一つになることをいう。というのも、心が散乱していては「仏日の影」を映し、それを感得することなどできない（「月影のいたらぬ里はなけれども、ながむるひとのこころにぞすむ」）。早く、釈尊が「この心を制する人々は、死の束縛からのがれるであろう」（『真理のことば』）と言ったのも、散乱する心を制して（摂して）、**本心（一心）**に至れば（それが止観をはじめとする瞑想の意味なのである)、生死は尽きて涅槃の世界へと帰って行く。このように、われわれ衆生の信心に応える仏の大悲(恩寵)の働きがあることを空海は隠さない。というよりも、それなくして人間は何もできないばかりか、存在すらできないのだ。それを他力と呼ぶならば、聖道・浄土いずれも変わりはない。**加持**を空海が意図した通りに理解するならば、彼を不用意に自力聖道門の人であると決めつけることは、浄土門の人々の怠慢が招いた誤解であったことが分かるであろう。しかし、それでもと言う人がいるならば、同じ体験を示すものとして、禅の思想家の例を挙げておこう。

諸仏の法身は我が性に入り
我が性は還《ま》た如来と合す

永嘉玄覚『証道歌』

仏と我が冥合する三心(自心・仏心・衆生心)平等の**一心**は、法然の高弟であった聖覚も「心は散乱して一心を得ることかたし」(『唯信鈔』)と言ったように、われわれの心は徒に乱れるばかりで容易に**一心**の世界(三心平等の世界)を知ることはできない。そこで正三は言う。

先ず、念仏を申さん人は、念仏に勢を入て、南無阿弥陀仏南無阿弥陀仏と唱うべし。かくのごとくせば、妄想いつ去るとなく自ら休べし。たとえ妄想起こるとも、強く勤めて取り合ずんば、頓て滅すべし。然間、起こる所の念には構わず、行ずる処に眼を付て修すべし。

正三『驢鞍橋』

念仏の行も、初めは絶えず妄想・妄念が湧き起こり、とても三昧の境地に入ることはできない。しかし、何が起ころうとも、良し悪しの判断を下すことなく、ただ起こるにまかせ、**我が心（の異名である阿弥陀仏）を呼び返し呼び返し、散乱の心を止むるがための方便**である念仏を勇猛に厳修するならば、妄想（妄念）は漸《ようよ》うに消え、いつとは知らず仏と我は冥合し、「入我我入」の境地に至る。この三昧の境地を親鸞は「自然」と呼び、念仏を介して、善悪をも忘れ果てたところに、心も費やさず、仏の方より、生死に迷うわれわれ衆生を迎えんとする恩寵（他力）の働きを見ているのだ。

「自然」といふは、もとよりしからしむるということばなり。弥陀仏の御ちかひの、もとより行者のはからいにあらずして、南無阿弥陀仏とたのませたまいて、むかえんとはからせたまいたるによりて、行者のよからんともあしからんともおもわぬを、自然とは申すぞとききてそうろう。

親鸞『正像末和讃』

只阿弥陀仏の名号一遍に志深ければ、内も外も一枚となって、やがてサマーディ（念仏三昧）に入るとき、**貪**、**瞋**、**痴の三毒**（三垢）は除かれ、われわれは仏（阿弥陀仏）の心光に包まれ、歓喜踊躍して本有の心である善心（**本心**＝**一心**＝信楽＝信心）を獲得する。まさに、親鸞が「信楽の一念」の体験を「広大難思の慶心」と言ったそのことが起こるのだ。かくして、**必ず極楽の国に生るること疑いなしと教ゆるを誘引の媒**としているのが親鸞の宗旨なのだ。しかも、それは今生だけではなく、三途（地獄・餓鬼・畜生）いずれの所にあろうとも、この光の体験をするものは無明から派生してくる生・老死の縁起はもとより、一切の苦悩（苦源）から解放され、いのち尽きる時、彼岸に達し、再び生死の陥穽に淪むことはない。

それ衆生ありて、この光に遇えば、三垢消滅し、身意柔軟にして、歓喜踊躍し善心を生ず。もし三途・勤苦の処にありてこの光明を見たてまつれば、みな休息することを得て、また苦悩なけん。寿終わりて後、みな解脱を蒙る。

『大無量寿経』

約まるところ、問題はいわゆる心か**本心**かということであり、心にとどまる限り生死の世界（サンサーラ）を離れることはできないが、幸いにも**本心**を知ることができたら、生死は尽きて涅槃の世界（ニルヴァーナ）へと帰って行く。親鸞的に言えば、**無明の煩悩に汚されざる明明たる本心**を知ることができたら、同じことであるが、たまたま信心（信楽＝善心）を開発することができたら、生死の長き無明の闇は晴れ、心光照護して、永遠の故郷である法性の都（自然法爾の世界）へと帰って行くとなろうか。

信心をえたる人をば無碍光仏の心光、常に照らし守りたまうゆえに、無明の闇晴れ、生死の長き夜、すでにあかつきになりぬ。

親鸞『尊号真像名文』

6　空なる心・大いなる死

生死に迷うか、はたまた生死の長き闇が晴れるかは、ひとえにわれわれ自身の心に因る。そこで、縷々述べてきた心に二相あること、次いで心の作用として主客の実在的二元論があることを簡単に祖述し、さらに悟りへの道（生死出ずべき道）を辿る上で遭遇するであろう問題点を指摘しておこう。

『起信論』は心を真心と妄心の二つに分けたが、真心を浄心（自性清浄心）とも呼んだ。一八世紀に活躍した澤水がそれを踏まえたかどうか定かではないが、彼も心を浄心と妄心の二種類に分け、この違いが分からなければ生死の解決、すなわち世間（生死）から出世間（涅槃）へ、此岸から彼岸へと渡っていくことはできないとし、さらに次のように言う。

二種類の心というは、いはゆる浄心と妄心となり。妄心といふは、分別妄想の心念なり。浄心というは、分別妄想の起源なり、これ即ち浄心仏性なり。浄心妄想、元来同一にして又二なり。たとえば燈と光の如し、燈の本体あるゆえに自ら光あり。浄心仏性の本体あるゆえに、分別妄想の妄心あり。浄心は本体、妄心は用なり。

『澤水仮名法語』

妄心（分別妄想の心念＝妄想）とは、われわれが日常的に心と呼んでいるものであり、この心に基づいて是非・善悪を論じ、自らの嗜好や利益を追求しているものである。一方、浄心（仏性）は妄心の根源に常に変わらず存在する真心であり（心性本浄）、それを知って、われわれは生死を離れ、仏とも成る。このような違いはあるものの、妄心も本はと言えば、浄心（自性清浄心＝本源清浄心）から生じたものであり（客塵煩悩）、二つは全く異なるものではないが、さりとて同じとも言えない。ただ、客塵にすぎない妄心を自分の心と見誤り、それに惑い、囚われてゆくと、生死際なき輪廻（サンサーラ）の世界を転々とすることになるのだ。

生死というは妄念なり。妄執煩悩は実体なし。しかるをこの妄想転倒の心を本として、善悪を分別する念想をもって生死を離れんとすること、いはれなしと、常におもうべし。念は出離の障りなり。生死をはなるるというは念をはなるるをいうなり。心は本の心ながら生死をはなるるということ、全くいはれなきものなり。

一遍『播州法語集』

生死はただ心（妄心＝妄念＝**散心**）より起こる（『華厳経』）。しかし、この心が実体のない客塵であるがゆえに、生死もまた確固としたものではなく、夢や幻のごときものなのだ。さらに、生死輪廻の根元にあるのが心であるから、その心を本にして生死を離れることは絶対にあり得ないというので、一遍は「心は本の心ながら生死をはなるるということ、全くいはれなきものなり」と言ったのだ。「本の心」とは妄心（妄念）を指しており、その心を彼は「妄想転倒の心」と呼び、また「善悪を分別する念想」とも言うが、他ならぬこの心がわれわれの社会を形成し、また是非・善悪を判断しているのである。

禅・浄いずれも、世間から出世間に渡っていこうとするとき、われわれが陥りやすい過ちとして、この心を用いてどれだけ修行に励もうとも必ず不可であるとしたことだ。親鸞が自力無効を強くいう理由もここにあるが、この点において、禅を含む、いわゆる自力聖道門も同じ理解に立っている。澤水ならば、妄心を除き浄心を知る、親鸞ならば、**散乱の心**を止めて**明明たる本心**に基づくとなろう。要するに、禅・浄、その方法論は異なるけれども、一度は妄心（**散心**）が生じてくる心の本源（**本心**）にまで遡るのでなければならない。白隠はそれを「一念未興已然、万機不到の処」と言ったが、一念の妄念がいまだ起こらないところ、あるいは人間の思量や計らいが及ばない心の本源（**本心**、**一心**、浄心、聖心、真心……）へと帰って行かねばならないのだ。

古人一則の公案を授けたまうこと、念根を截断せんがためなり。又、念仏の一行を授けたまうことも同意なり。その義正しき則ば、南無阿弥陀仏と唱るも、念根を截断するの剣にして、菩提の正因となるなり。

正三『反古集』

親鸞が念仏を**散乱の心を止むるがための方便**としたように、正三もまた、禅の公案も浄土の念仏も、妄念が兆す根元を切断する方便と見なしているのだ。いずれの道を採るかは（方法は他にも色々ある）、その人の資質に因るであろうが、どちらを選ぶにせよ、公案なら公案、念仏ならば念仏を徹底させることが肝要なのだ。例えば浄土なら、生死輪廻の輪を廻しているのは、他ならぬ自分自身（の心）であると深く想いを定めた上は（機の深信）、**只阿弥陀仏の名号一遍に志**

深ければ、必ず極楽の国に生るること疑いなしと深く信じ（法の深信）、念仏一つを徹底させ、根本（念根）を断つことができたら、それが悟り（菩提）の正因ともなると彼は見ているのだ。

次に、われわれは主客の認識構造に基づいて経験を積み、知識・技能を身に着けてきた。そうなればこそわれわれは豊かな人生を送れると誰しも考えるが、『成唯識論』が「二取（能取・所取＝主観・客観）の随眠はこれ世間の体なり。唯しこれのみをよく断ずるを出世間となづく」と言ったように、主客の二元論がわれわれ人間をして生死の世界（世間）に繋ぎ止める根本原因になっている。そして、この主客の認識構造（分別）の根底にあるのが心（妄心）であり、われわれは見るもの（主＝私）と見られるもの（客＝世界）は実際に存在するという主客の実在論的二元論に立ってものごとを捉えている。しかし、この心に基づいて見ている限り、真実なるもの（真実の円成実性）は見えてこない。早くから、心（意識）の成り立ちと構造を考えてきた仏教は、この心（分別心）こそ無知と迷妄の元凶であり、無始以来、われわれ衆生を生死輪廻の軛に繋ぎ止めている心としたのである。従って、宗教は、ものごとを客観的に見る、見ないの問題ではなく、如何にしてこの心を除いて見るかということなのだ。

心を離れて別に物無しと体知し、
此れに由りて即ち心の有に非るを会す。
智者は二（能取・所取＝心・物）は皆な無なりと了達し、
二の無なる真の法界に等住す。

心を離れて物はなく、物を離れて心もない。心と物は密接に結びついているというのが仏教の存在論の基本である。そこで、心が本来無（無心）であることを体験的に知れば（体知すれば）、心だけではなく、物も消えてないだろう。そのときわれわれは一体何を見ているのであろうか。結論から言えば、何も見ていない。つまり、見るものと見られるもの（主客＝心物）はいずれも消えてないのだ。それは丁度、目が覚めると、夢とそれを見ていた私（夢の中の私）が消えてないようなものだ。このように主客が二つながら無となるとき、初めてわれわれは真の認識に達し（それを先に「真智の覚」と言った）、存在の実相（真の法界＝円成実性）を知ることになる。そして、真の智者とは、専門的な知識を身に着けた学者でもなく、二（主客＝心物）が実体のない空なるものと知って、二の無なる一真実の世界（一法界＝真の法界）に目覚めた人のことをいう。仏教に限らず、古の聖賢たちが、その名に価するのはこの「一なるもの」を知ったことに依るのだ。

ソクラテスはそれを「無知の知」と表現したが、その意味は多くのプラトン学者が輩出したにもかかわらずよく理解されていないようだ。少なくとも、彼をしてそう言わしめた具体的な体験についてはこれまで語られたことがないばかりか、なんとも陳腐な解釈ですまされてきたように思う。おそらく、この短い表明の中に彼の体験の中でも最も深いもの、それはいわば彼の悟りの体験ではなかったか。

知ることには、知るもの（主）と知られるもの（客）がなければならないが、この主客の関係で知識（情報）を得ていくことが一般に知的営為（学問）といわれているものだ。ここでは無知よりも如何に多くの情報や知識を有しているかが問われてくることになる。ところが、深く瞑想的であるとき（そう言えば、ソクラテスは時と場所を考えず、しばらく立ち尽くすことがよくあったそうだ）、知られるものだけではなく、知るものも銷殞し、認識が不可能になる瞬間が訪れるが、それでも知るということがあるのだ。それをソクラテスは「無知の知」と呼び、もはや主客の関係で知るのではないが（無知）、もう一つの認識（知）の可能性が拓かれてくる、すなわち真智に目覚めるということがあるのだ。この全く新しい、未知なるものの一瞥を宗教は神と呼び、また仏とも呼んだのだ。

その一例として、まずキリスト教の場合、使徒パウロがダマスコに向かう途中、突然光に包まれて大地に投げ出され、そこから立ち上がったとき、彼の目は開いていたにもかかわらず、何も見ていなかったという古事（『使徒行伝』）について、エックハルトが説明するくだりを取り上げて見よう。

一なるものを私は見ることができない。パウロは何も見ていなかったが、それは神であった。神は無であるが、また一なるものである。

エックハルト『無である神について』

「一なるものを私は見ることができない」とはエックハルトの卓見であり、ソクラテスの場合と同様、彼の悟りの体験から得られた結論ではないかと私は考えるが、見るもの（主）と見られるもの（客）が共に無となる時、初めてわれわれは一なるもの（真実在）を知ることになる。逆に言うと、われわれの目（先に衆生眼と呼んだもの）は二なるものしか（主客の関係でしか）見ることができないということだ。そして、パウロが目は開いていたにもかかわらず、何も見ていなかったというが、すべての被造物が無となる、その時こそ彼が神を見ていた一瞬ではないかと、エックハルトは自らの体験に照らして理解したのだ。彼はこの無であるとともに、一なるものの横顔を神と呼んだのであり、この何も見ていない無、あるいは空こそ、時間を生きるわれわれ人間にとって、永遠が顔をのぞかせる最も貴重な一瞬であり、体験的に無なる神（一なるもの）を知る瞬間でもあるのだ。次に、仏教はどうだろう。例によって、黄檗であるが、

能（主）も無く所（客）も無しと知って、妄念を動ぜずんば、すなわち菩提を証せん。道を証する時に及んでは、ただ本心仏を証するのみ。

黄檗『伝心法要』

「妄念を動ぜずんば」と彼が言うのは、心が起動するとわれわれは主客（能所）の関係でものごとを捉え、ゆくりなくも生死輪廻する迷いの世界へと入る（「無明の忽然念起」）。従って、妄動する心（妄念＝**散心**）を逆修して、心の本源（**本心**）に帰せば、自ずと主客（能所）はそこになく、「一一（能所）は皆な無なり」と知って、悟り（菩提）を得る。しかも、その**本心**が仏に他ならないがゆえに（親鸞的には、**本心**が阿弥陀仏に他ならないがゆえに）、**本心**に達すれば仏を

も知ることになる。彼が仏を「本心仏」、あるいは「本心の仏」と呼ぶ理由がここにある。

　このように宗教とは、主客（人物）がともに無（空）なることを知って初めて、この世に染まぬ、まったく未知なるもの到来を知ることであり、その一瞥を仮に神と呼び、また仏とも呼んだのだ。因みに、仏の呼称である「如来」（阿弥陀如来など）とは一如（一なるもの）より来生したものという意味である。

　坐禅、あるいは念仏のいずれを選ぶかはともかく、悟りへの道（生死出ずべき道）を簡単に纏めれば、心から心の本源へと辿ることであり、このプロセスが一般に瞑想といわれているものである。「二河白道の比喩」も東岸（此岸）から西岸（彼岸）へと渡る悟りへの道（仏道＝成仏）をイメージ的に捉えたものであるが、それも実際は、心（妄心＝**散心**）から心の本源（真心＝**本心**）へと辿ることであった。というのも、親鸞において、**阿弥陀仏とは、我が心（本心）の異名**であり、また白隠の指摘どおり、西方浄土は一人ひとりの心の本源（心源）に拓かれてくる世界であるからだ。

　以上、心を二つの側面から纏めたところで、実際に瞑想のプロセスを辿る上で真心（**本心**）とはどういう心をいうか、もう少し説明しなければならないようだ。といっても、真心を直接指し示すことはできないが、真心に至るプロセスとしてなら説明はつく。それは「真心はすなわち無心なり、無心はすなわち真心なり」と菩提達磨が言ったように、妄りに分別する心（分別心）を除いた無心（無分別心）、あるいは空なる心を真心というのだ。

さらに、悟りとは二（主客・心物）の無なることを知るプロセスでもあったから、心（妄心＝**散心**）を除き心の本源（真心＝**本心**）へと辿ると、心が無となるだけではなく、心が見ていた物も無となる地の果てにいる。つまり、主客が二つながら無、あるいは空となる虚空の中へと入っていくのだ。そして、物の中には身体も含まれるから、心が無となれば、身体も無となる。といっても、生きている限り、無くなってしまうということではなく、パウロの体験のように、目は開いているのに何も見ていない空ということだ。

廓庵の『十牛図』で言えば、人牛がともに無となる第八「人牛俱忘」に相当するが、ここにいう「牛」とは心を指している（詳しくは、拙著『自己認識への道』参照）。だから黄檗は、「身心ともに無なる、すなわち是れ仏道なり」と言ったのだ。言い換えれば、われわれの実存の中心は無、あるいは空であり、無（空）の上に浮かび上がった影が私、すなわち身心からなる仮我ということになる。それを空海が「五蘊の仮我」と呼んだことはすでに説明したが、私は在るという観念は心から生じてくる（「我思う、ゆえに我在り」）、つまり心が私を仮構しているのだ。

だから、心が存在する限り、仮構された私（仮我）もまた存在を止めない。現在、この仮我が主人公でもあるかのように振る舞っているのだが、そんなことにお構いなく、われわれは仮我を自分と思い、さらには仮我を仮構している心がその幸福を願って色々と試みているのだ。しかし、仏道とはこの私（身心）が実体のない無、あるいは空であると体知する（ただ概念的に理解するだけではなく、体験的に知る）ことから始まる。

機を忘ずるは是れ仏道、分別は是れ魔境なりと。この性（自性清浄心）はたとい汝迷う時にもまた失わず、悟る時にもまた得ず。天真の自性は本と迷悟なし。

黄檗『宛陵録』

機とは、絶えず利害・得失を図り、良くも悪くも自ら生き延びるために日夜、思い煩っている（分別している）われわれ自身のことである。その機（自己）を忘れることが仏道であり、たとえ保身のためであれ、自ら下す如何なる判断（分別）も、われわれを生死輪廻の魔境（魔郷）に縛り付ける業（カルマ）に過ぎないということだ。それは道元が「仏道をならふといふは、自己をならふ也。自己をならふといふは、自己をわするゝなり」（『正法眼蔵』）と言ったこととよく符合する。

自己を忘れる無我の境地（三昧の境地）においては、いかなる思考（妄分別）も入る余地はない。そこに至る方法が浄土では念仏三昧であり、禅では只管打坐なのだ。一遍が「我が身を忘るゝように念仏したまうべし」と言い、また正三が「ただ我を忘れて念仏申すべし。我をさえ忘れば成仏なり」と指摘したように、無我の境地に入り、入我我入するときが成仏なのだ（「諸仏を吾が身中に引入す、これを入我といふ。吾が身を諸仏の身中に引入す、これを我入といふ」空海『秘蔵記』）。そこにかつての私（仮我）はなく、全く新たな私（真我）が存在している。無我とは釈尊一代の教義の白眉であるが、禅・浄いずれにおいても、単なる論争の具ではなく、それぞれの道における体験的事実なのだ。

身心（五蘊の仮我）がともに無となる体験、すなわち無我の体験がどのようなものであるかをいうのは、そう難しくはない。それは、文字通り死の体験のようなものであるからだ。ただ実際の死との違いは、生きながら死を体験するということになろうか。心を除き（空じ）心の本源へと辿る時、人は死に飲み込まれていくような恐怖に襲われる。今や身心からなる五蘊の仮我（自我）が無（空）の中へと消え去ろうとしているのだ。心から心の本源へと辿る時、必ず訪れるであろう死の恐怖は誰もが一度は対峙しなければならない関門であること、そして何よりも心が本来空（無心）であることを人はよく心得ていなければならない。

凡そ人は多く心を空ずることを肯わず、空に落ちんことを恐れて、自心もと空なるを知らず。愚人は事を除いて心を除かず、智者は心を除いて事を除かず。

黄檗『伝心法要』

禅僧がときに初心者に向かって、すべてを捨ててみよなどと言う。しかし、除くべきは、主義・主張（観念）や所有（物）、また関係（しがらみ）ではなく、その根元にある心なのだ。そして心を除き、心の本源へと辿るとき、心が本来空（無心）であることが分かってくるだけではなく、事物（諸法）も空であることが分かる。つまり、心が本来空であると知って、われわれは諸法の空なること（諸法無我）を知るのであって、その逆ではないということだ（「我が心空なるが故に諸法も空なり」『宛陵録』）。仏教は空を説き、すべては縁起であると仏教者はかまびすしいが、一体どれだけの人が諸法無我を知ったのであろうか。諸法が空であると知るのは、自らの心が空であると知ったものに限られることを銘記しておかねばならない。
心（**散心**）を除き、心の本源（**本心**）へと辿るプロセス（道）が瞑想であり、禅が選んだ方法が坐禅瞑想（只管打坐）であるのに対して、浄土はマントラ瞑想（念仏三昧）であったのだ。だから親鸞は、**念仏は、我が心（の異名である阿弥陀仏）を呼び返し呼び返し、散乱の心を止むるがための方便**と言い、**只阿弥陀仏の名号一遍に志深ければ**、やがて三昧発得する心の本源（**明明たる本心**）へと帰って行くであろうとしたのだ。

しかし、いずれの道を辿ろうとも、瞑想の始めは、思考や感情など、さまざまな想念が脈絡もなく次々と湧き起こってくる。どうかすると瞑想を始める前よりも多いかもしれない。というのも、われわれはこれまで自分の想念（思考）に注意を払ったこともなければ、生まれてこの方、あなたが経験しながら、忘れ去られていたものが記憶の彼方から呼び覚まされることがあるからだ。また、抑圧された欲望や恐怖の体験がイメージとなって現れ、訝しく思うかもしれないが、それもまたあなたなのだ。さらに、人間の意識の深層には、あなたがここ（人間）まで進化を遂げてきたプロセスのすべてが記憶として蔵されている。といえば、壮大で美しくもあるが、決してそうではなく、あなたの相食むおぞましい動物時代の経験までもが呼び覚まされるかもしれない。いずれにせよ、この記憶（情報）のすべてがあなたという個性（仮我）を形作っているのであるが、そこにあなたという実体的な何かが存在しているのではなく、綿々と続く情報の束があなた（自我）であるということだ。

ともあれ、瞑想の中でどんな想念（感情）やイメージが起こって来ようとも、善し悪しの判断を下すことなく、ただそれを観察し、心の本源へと深く、より深くへと辿って行かねばならないが、一切の心を除き、その本源へと辿ることは意識的に死の中に入って行くことなのだ。しかし、終ろうとしているのは（死に逝くのは）あなたの個性（仮我）であることを忘れてはならない。そうでなければ、われわれは死の淵に臨んで仮我にしがみつき、再び輪廻の輪に組み敷かれることになるからだ。このように瞑想とは、あるいは三昧（サマーディ）とは、われわれが最も畏れ、どうしても避けたい死のように感じられるがゆえに、その中に入っていくことが難しいのだ。しかし、無の深淵に臨んで、自らの死を受け入れ、勇気をもって自らを無へと解き放つことができたら（それを禅は「大死一番」と呼び、スーフィズムは「死ぬ前に死になさい」と言ったが、ここでいう死が肉体の死を意味していないと分かるであろう）、その時、仮我は無の中へと消え去るであろうが（無我）、それに代わってあなたは真我として蘇る。このプロセスを見事に表現したのは臨済宗中興の祖白隠であった。

真正清浄の無我に契当せんと欲せば、須らく嶮崖《けんがい》に手を撒《さっ》して絶後に再び蘇《よみがえ》りて、初めて四徳の真我に撞着《どうちゃく》せん。

白隠『遠羅天釜続集』

身心からなる仮我を自分と思ってきたわれわれが（自己愛とはこの仮我に向けられた妄執であり、ここからあらゆる混乱と狂気が始まる）、無の中へと消え去ろうとするまさにその時、恐怖することなく、一気に進んで退かなければ、無始劫来続いてきた「生死の命根」(白隠の言葉)を截断し、忽然と真我に行き着く。それればかりか、仮我であるあなたが無の中に消え、大死一番、真我となって蘇るとき、生死の夢もまた消える。というのも、真我を知らず、仮我を自分と見なす妄執(我執)ゆえに、われわれは生死の波に翻弄され、無始劫来、生々死々を繰り返してきたのである。

思うに、われわれはかつて一度ならずこの恐怖を体験したことがあるに違いない(後で少し触れるが、誰もが行き着く死の不安はここに淵源している)。でなかったら、真我へと帰ることをよしとせず、仮我に固執し、これほど同じ生と死の徒ごとを繰り返すなど、とても考えられないからだ。われわれ人間は存在(有)を得たその時から、意識のどこかで、常にこの無(死)を避けてきた。それは人間の最も根強い欲望が自己保存欲(生きんとする盲目的意思)として現れてくるところからも明らかである。

只だ身をも心をも放ち忘れて、仏の家に投げ入れて、仏の方より行われ、これに順いもて行くとき、力をも用いず、心をも費さずして生死を離れ仏となる、何人か心に滞るべき。

道元『正法眼蔵』

五蘊の仮和合である身心を恃んで仏となることはできない(それが自力であり、親鸞が強く否定したもの)。むしろ、それを放ち忘れて、全面的に「仏の家」に投げ入れなさい、と道元は言うが、「仏の家」とは身心がともに消え去る無、あるいは空をいう。従って、仏の家に投げ入れるとは、もとより空なる心の本源（無心＝真心＝**本心**）へと辿ることに他ならない。その後は、仏の方より行われ、生死を離れ、仏と成るときを待つのだ。というのも、その時をわれわれは引き寄せることはもちろん、いつなのか前もって知ることもできない。今この時かもしれないし、死の時なのかもしれない。否、今生では終に起こらないかもしれない。ともかく、身も心をも解き放ち、かのもの（仏）の到来を待つのだ。そして、死の錬成を経て、幸いにも入我我入する時、われわれは計らわずして（心をも費さずして）、仏となる。自力聖道門の代表の如く思われている道元の言葉に虚心に耳を傾けるならば、浄土門の側からの批判が如何に的外れであるかが分かるだろう。

ともあれ、われわれが努むべきは心身ともに無（無我）となる心の本源（**本心**）へと辿るところまでであり、その後は、仏の方より行われる時を待つしかないのである（「仏に従ひて逍遥して自然に帰す。自然はすなわち弥陀の国なり」親鸞『教行信証』）。その仏とは、親鸞において阿弥陀仏であったが、生死を離れ、仏と成ることの本当の難しさは、われわれが「力をも用いず、心をも費さず」、つまり自力（計らい）の心を捨てて、ただ無（空）の中に留まることだと知っている人は、禅・浄を問わずどれだけいるであろうか。

とりわけ、浄土門の人々が陥りやすい誤解と怠慢に繋がることにもなりかねない微妙な問題であるので、もう少し説明すると、妄心（**散心**）を捨てて真心（**本心**）を知るならば、もとより法爾として存在する真実の世界（法然の有）が立ち顕われてくる。親鸞的に言えば、**自力（の心）**

を捨てて他力（の心）を取るならば、自然に帰して、弥陀の国（自然法爾の世界）が顕われてくるとなろうが、聖道・浄土いずれの道（方法）を辿ろうとも、われわれは努力して仏と成るのでも、往生する（此岸から彼岸に渡る）のでもないということだ。むしろ、努力をしないことによって、自然に拓かれてくる世界なのだ。

しかし、無努力（他力）だからといって、何もしなくていいのかというとそうではなく、奇妙に聞こえるかもしれないが、無努力を達成するためにもわれわれはあらゆる努力をしなければならないのだ。しかも、それが只管打坐であれ、称名念仏であれ、全エネルギーを注ぐほどの努力が必要なのだ。浄土門の人々がそれさえも放棄して、ただ他力を口にするだけでは、生死を離れ、仏と成るその時は金輪際あり得ないばかりか、仏道の入り口にも立っていないというべきであろう。因みに、親鸞において、生死を離れ、仏となるその時とは「信楽開発の一念」を指している。

さて白隠の「絶後に再び蘇りて、真我に撞着する」という言葉が端的に示しているように、この死と再生こそあらゆる宗教が説こうとしているものなのだ。キリスト教はそれを「古い人」を脱ぎ捨てて「新しい人」を着ると言い、浄土教は「前念命終・後念即生」と言ったが、身心を解き放つ大いなる死の一念（瞬間）が「前念命終」であり、絶後に再び蘇《よみがえ》る一念（瞬間）を「後念即生」（即生とは即得往生の意味）という。この死と再生が往生の本来の意味であることを、白隠は明らかに浄土門の人々を意識して次のように言う。

　専唱称名、一念不生、放身捨命の端的を往と云う。三昧発得、真智現前の当位を生と云う。

白隠『遠羅天釜続集』

浄土門の人々はひたすら念仏（専唱称名）を通して、一念の心も起こらない心の本源（仏の家）に身も心も投げ入れ、自我（仮我）の死を受け入れるところを「往」といい、そのサマーディ（大死）の中で再び真我として蘇り、真智に目覚めたところ（真智の覚）を「生」という。かく目覚めて人は初めて、われわれが現実として捉えている生と死がともに心が作り出した幻影であったと知るのだ。「往生」をこのように理解した白隠には、究極のリアリティに目覚める方法として、禅においては坐禅（公案）を、浄土においては称名念仏を媒ちとする違いがあるだけという思いがあったろう。

生もまた夢幻、死もまた夢幻、天堂地獄、穢土浄土尽く抛擲《ほうてき》下《げ》して、一念未興已然、万機不到の処に向って、これ何の道理ぞと時々に点検して、正念工夫の相続を干心とせば、何しか生死の境を打超えへ、悟迷の際を超出して、金剛不壊の正体を成就せんこと、これ真箇不老不死の神仙ならずや。人界に出生したる思い出ならずや。

白隠『遠羅天釜』

正念工夫して、一念（の心）がいまだ興る已然にまで遡れば、いつしか生死の境を打破して、朽ちる肉体の内側に不朽の身体（法身）が顕われてくる。それこそ、古来言い伝えられてきた不老不死の神仙であり、三悪道（地獄・餓鬼・畜生）を逃れて、たまたま人間としてこの世に生を享けた意味もあったということになろう。親鸞的に言えば、**万行を措し置いて、只阿弥陀仏の名**

号一遍に志深ければ、やがて**散乱の心**が止み**明明たる本心**を知るに至れば、そこは本心仏、すなわち色もなければ形もない法身・阿弥陀仏である。それを彼は「一如法界の真身顕る」（『浄土文類聚鈔』）と言ったが、『起信論』にも「妄心にして即ち滅せるときは法身は顕現して」とあるように、心（妄心＝**散心**）が消え去れば、われわれの真理の身体（真身）である法身が顕われてくる。この身体（法身）を白隠は「金剛不壊の正体」と言い、親鸞は「自然虚無の身、無極の体」と呼んだ。

親鸞のこの言葉は『教行信証』（真仏土巻）に登場してくるが、本は『大無量寿経』の「容色微妙にして、天にあらず人にあらず。みな、自然虚無の身、無極の体を受く」に拠っている。実はこの前に「往生」という言葉があって、浄土に往生するとはどういうことかというと、天人でもなければ人間でもなく（六道の上位二つに位置している）、「自然虚無の身、無極の体」を享けて往生するという意味である。分かり易く言えば、人が往生の素懐を遂げるとき、彼はもはや天人でもなければ、人間でもないということだ。私が宗教は、巷間言われる、人間は如何に生きるべきか（人の道）などを問題にしているのではないという理由がここにある。もっとも、われわれ人間の辿るべき方向を指し示していることから言えば、それも一つの人間学ではあるが、一般に考えられている人間の範疇を遥かに超えた存在の次元（仏の境界）を明らかにしようとしているのだ。この「金剛不壊の正体」、あるいは「自然虚無の身、無極の体」こそ四大・五蘊からなる仮我（肉体）ではなく真我（真身＝真の自己）であり、われわれはそれを知って初めて此岸から彼岸に渡り（往生し）、かくして三界生死の流れを廻らせて、再び生死輪廻の陥穽に淪むことはない。

生としてまさにうくべき生なし、趣としてまたいたるべき趣なし。すでに六趣・四生の因亡じ、果滅す。かるがゆえに、すなわち頓に三有（三界）の生死を断滅す。

親鸞『教行信証』

この章を終えるにあたり、私は「二河白道の比喩」をさらに一歩進め、もうひとつの比喩を語ってみたい。というのも、この比喩は三定死（「我今回らばまた死せん、住まらばまた死せん、去かばまた死せん」）を超え、水火の河に落ちることを恐れず東岸（此岸）から西岸（彼岸）に渡るというものであった。しかし、そのプロセスの中で絶後に再び蘇る大いなる死（前念命終・後念即生）の畏れが抜け落ちているために、この比喩には真の回心（往生）に繋がらない不徹底さが残る。あからさまに言えば、釈尊が「彼岸に達する人々は少ない。他の多くの人々は此岸でさ迷っている」と言ったように、実際に東岸（此岸）から西岸（涅槃）に辿り着いた人は多くないということだ。

そこで、私が一歩進める比喩とは、人里離れた古池を住処としていた蛙の話だ。いつの日であったか、もう定かではないが、後にしてきた池の方に目をやりながら、何処に向かうべきか、それとも退き返すべきか、はたと立ち尽くす蛙のように、太古の海から迷い出し（キリスト教ならば、「本来の場所」から堕ち）、二なる外の世界（**生死善悪**をはじめとする二元葛藤の世界）を捉え、おずおずと地上を徘徊しはじめた人間は何を為すべきか戸惑いながらも、社会に駆り出され、楽しみ多きことのみを願う大人の後ろ姿を見ながら、人の道とやらを歩み始める。

しかし、政治、経済、学問……と何かにつけ、大人たちは是非を論じ、自分たちがしでかした後始末もできず、自己保身のために逃げを決め込み、挙句の果ては激昂する始末だ。このかまびすしいだけの人の道が一体どこに続いているのか誰も知らないし、問う人さえいない。ただ個々の人間にとって明らかなことはただ一つ、どう足掻いても人の行き着く先は老死であり、しかも明日をも分からない生命だと知ってか識らずか、一時の狂喜に身を任せ、また身を削りながら、流されて行く自分がいる。しかし、なぜかくまでも、自分が立ち行くために日々エネルギーを注ぎ、疲労困憊しなければならないのか。そして、どうしても解けない私が存在するという不可解に独り佇む。池から這い上がった蛙のように、この宇宙の片隅に住み続けることがどうもしっくりこないのだ。

そこで、あの太古の海が自分の本当の住処ではないかと、とつおいつ思ってみるが、存在の海はどうも捉えどころがなく、水底は闇としか映らないだけではなく、底がないように見える。しかし、帰るべき場所を忘れ、ただ池の周りを飛び跳ねている蛙もどこか滑稽であるが、存在の海に畏れをなし、この世にしがみついて人生七〇年、八〇年、自己という亡霊（五蘊の仮我）を引き摺りながら、波々として世間を渡る人間もたいした違いがあるとは思えない。さりながら、塩人形に過ぎない私がダイブすれば私はどうなる。間違いなく大切に守ってきた私の存在など深い水底に消えて跡形もないだろう。はてさて、いつとも分からない死の時まで生き長らえるか（to be）、それとも意を決して、三定死もろとも死のダイブをするか（not to be）、二つに一つ。

そこに、例によって、馬鹿面をしたお節介な大人（哲学者、識者）が現れ、確かに辛いことの方が多く、矛盾だらけの人の世ではあるが、生きていれば何かよいこともあろう。まずは、しっかりと人生の目標を定めることだ、などと御託を並べる。問題の所在すら理解していない腑抜けの戯言と知りつつも、あの無になる恐怖、寄る辺なくどこまでも落ちていく恐怖を味わわなくてすむことだけは確かだ。

ご存知のように、古池に飛び込んだ蛙は、あの水の音と共に消えてしまったが、再びいのちの水を得て自在に泳ぎ、後には何ごともなかったように原初の沈黙の世界が広がっている。勇気を奮い起こして太古の海に飛び込めば、その後は存在自身が受けとめてくれるというのに、自分が消えてしまうことが何よりも恐ろしいのだ。

第五章

我が宗は菩薩自受用に結縁し、愍《あわれ》みを心に含み、魚肉禁戒も持たず、男女道俗も席を同じうして、柔和を以って殊勝を抱き、慈悲を以って行とせば、如来の本願に漏れず、永く此《この》生を異類中行すべきなり。あなかしこ。

1　自家の宝蔵

金剛心のひとは、しらず、求めざるに、功徳の大宝、その身に満ちみつがゆえに、大宝海とたとえるなる。

親鸞『一念多念文意』

生々死々するわれわれの世界を「生死の苦海」と呼ぶのに対して、心（妄心＝**散心**）が消え去る（空じられる）ことによって開かれてくる**本心（一心）**の世界を親鸞は「功徳の大宝海」に譬えたが、この世界はどこか外からやって来るものではなく、われわれ自身の内側にすでに具わっているものなのだ。空海も「無始より以来、本より心は空に住すれど、覆ふに妄想をもつてし、纏ふに煩悩をもつてす」（『吽字義』）と言ったように、それを妄心（**無明の煩悩**）で翳すがゆえに、認識できないでいるのだ。「金剛不壊の正体」、あるいは「自然虚無の身、無極の体」（どちらも仏の三身の一つである法身を指す）を獲得した金剛心（真心＝信心＝**本心＝一心**）の人は、識らず、求めずとも自然にこの悟りの智慧・徳相が身に具わる。

そして、われわれが人為でそれに付け加えるようなものは何もなく、常に完全に満たされたプレーローマ（充溢）であり、永遠にそうなのだ。しかも、それはわれわれが六道輪廻のどこを彷徨っていようとも、失うということはなく、内なる実存（本源＝心源）に常に存在する。この事実は、われわれが「我が身と我が心」を恃んで、すなわち自力で悟りを開き、仏に成るのではなく、心の本源（**本心＝一心**）に帰せば自ずと身に具わるというものだ。それゆえ親鸞は、自らの宗教を**一向一心の宗旨**と呼び、易行とするわけだが、自力・聖道門の人々もまた（本編では禅と真言ということになるが）「一心の仏」を説き、「本心の仏」を鼓吹していたことはすでに述べた通りである。今日、自力・聖道門を難行とするのは浄土門の人々の無知と怠慢が招いた誤解に過ぎないことを銘記すべきであろう。

「功徳の大宝」を禅は「自家の宝蔵」と呼ぶ。これは慧海と彼の師となる馬祖の間で交わされた問答の中に見られる。慧海が初めて馬祖に参じた時、あなたは何のために遥か遠くからここまで来たのかと問われ、仏法（究極の真理）を求めてと答えると、馬祖はすかさず、「自家の宝蔵を顧みず、家を抛《なげう》って散走して何をか作す」(『馬祖の語録』)と諫めたという。ここには人間が求めるべき究極の真理はすべての人の内側(自家)にすでに存在するが、それをわれわれが血肉のからだ(**無明の煩悩**)で蔽うがゆえに見えていないという含みがある。

宝珠は失わず、失想を作すこと莫れ。血肉の皮、覆って、この故に現れず。

『涅槃経』

仏法(真理)はすでに心(**本心＝一心**)に具わっているというのが、われわれの基本的な認識であった。それなのにあなた(慧海)はそれを求めてわざわざ私(馬祖)のところまでやって来た、それは大きな過ちである。あなた自身の内側にあるもの(自家の宝蔵)を私はあなたに与えることはできないし、その必要もない。それはあなた自身が回向返照して(内側を顧みて)、手にするかどうかの問題であるからだ。早く臨済も、この内なる宝蔵を知るために、「ただ自家に看よ」と言っていた。われわれの内側こそ真理(無位の真人＝法身)が隠れ住まう所であるにもかかわらず、われわれは「自家屋裏のものをあえて信ぜず、ひたすら外に向かって求める」と。

空海もまた、われわれが立ち返るべき一真実の世界を「一真の覚殿」(『性霊集』)、あるいは「万徳の殿」と言い、過去に輩出したであろう多くの仏(如来)たちは、**本心(一心)**を覚って彼岸の世界(法然の有)に渡ったのであり、一方、衆生はその一事を知らないという、ただそれだけの理由で生々死々する此岸の世界(随縁の有)で自ら迷惑し、今もって三途(地獄・餓鬼・畜生)の獄を離れないでいると。

如来は之を覚つて万徳の殿に優遊し、衆生は之に迷つて三途の獄に沈淪す。沈迷の端鷩かずんばある可からず。昇悟の機仰がずんばある可からず。

空海『性霊集』

彼は、仏（如来）と生死に迷う衆生の違いが生じてくる理由を明らかにした上で、悟りの機会はすべての人に平等に与えられているのであるから、早く「万徳の殿」へと帰って行きなさいと勧めているのだ。そのとき「入我我入の故に、諸仏の三数劫の中に修集するところの功徳、我が身に具足し」（『秘蔵記』）、法爾として存在する世界（法然の有）、親鸞ならば、自ら然らしむ自然法爾の世界（法性の都）に遊ぶことになろうということだ。

キリスト教に目をやると、イエスも、われわれの内側に本より存在し、死によっても朽ちることのない至福の源泉を「大いなる富」（『トマスの福音書』）と呼んだ。また、キリスト教最大の神秘思想家エックハルトは、それは人間にとって必要なただ一つのものでありながら、言葉でもって名づけることも、表現することもできない（不可称、不可説）というので「一つのあるもの」と呼んだ。そして、幸いにもそれを知ったものは、われわれ人類が探し求めてきた幸福（至福）の本当の在り処を知ることになろう、と言う。

この「あるもの」を知ればだれでも、どこに至福があるか分かるであろう。このあるものには以前もなく以後もなく、付け加えるべき何ものもない。なぜならそれは得ることも、失うこともありえないからである。

人間の内側には、われわれが考える幸・不幸にはかかわらない至福の源泉が隠されている。エックハルトは、幸いにもそれを知れば、われわれ人間が幸福を求めて、さまざまな環境と条件を整えようとしてきたが、それらはすべてこの「至福」の代替物に過ぎず、人間が自らの努力（自力）によって勝ち取る幸福の何と小さなものであったかを知るであろうと見ているのだ。そして、内なる至福は時間を超えて常に存在するものであり、われわれが地の国（世間）であれ、ハデス（黄泉）であれ、どこを彷徨っていようとも、失うことはなく、また付け加えるものもない、いわば不増不滅の如来蔵（大宝・宝蔵）であり、プレーローマなのだ。

スーフィズム（イスラーム神秘主義）の偉大なシェイフ、ルーミーも、この血肉の皮（肉体）によって覆われた「隠れた宝」を知りさえすれば、人間は求めるべきすべてのものを手にしたことになると言う。彼もまた、エックハルトと同様、この永遠不滅の宝を「あのもの」と呼ぶ。

世間でいう学問とか技能とかは、いずれも海水を茶碗で量るようなもの。あらゆる技術で身を飾り、金もあり顔も綺麗だが、一番大切な「あのもの」を欠く人がたくさんいる。反対に、見かけはいかにも見すぼらしく、美しい言葉も力強い言葉も喋れないが、永遠不滅の「あのもの」だけは持っている人もいる。それこそは人間の栄光であり高貴さの源であり、またそれあればこそ人間は万物の霊長なのである。もし人間が「あのもの」に辿り着けさえすれば、それでもう己の徳性を完全に実現したことになる。が、もしそれができなければ、人間を真に人間たらしめる徳性とは縁なき衆生だ。

『ルーミー語録』

まさに人間の高貴さの源であり、われわれが求めて止まない至福の源泉がわれわれの実存深くに隠されている。もしわれわれが「あのもの」に辿り着けさえすれば、この世に生を享けた人間として為すべきことを成就したことになるから、ルーミーは「それでもう己の徳性を完全に実現したことになる」と言ったのだ。スーフィズムの思想家たちは、そのように自己を実現した人を「普遍的人間」、あるいは「完全な人間」(al-insan al-kamil)と呼び、人間があるべき理想の姿をそこに見ていた。蛇足になるが、巷間、浅薄な人知(それも識者なのであろう)が口にする自己実現など、無明の殻を一つ加えたに過ぎないということだ。

わずかな例で申し訳ないが、浄土、禅、真言、キリスト教、イスラーム(スーフィズム)など、宗教はわれわれの実存の内側に「隠れた宝」があることを説き、それを知るならば、この世に生を享けた意味もあったと見ているのだ。そうでなければ、イエスが言ったように「彼らは空でこの世に入り、再び空でこの世から出ようとしている」(『トマスの福音書』)ということになる。

さて無(空)、あるいは死の錬成(大死一番)を経て、つまり無我の体験を通して、「自然虚無の身、無極の体」を獲得した者は、もはや個として存在するのではなく、万物を体して自己を確立した真我(真身=法身)となることであり(「法身の微細の身は、虚空ないし草木まで一切処に遍ぜざることなし。この虚空、この草木すなはち法身なり」空海『秘蔵記』)、この真実の人

（まことのひと＝真人）と成って初めて他者に対して救いの手を差し伸べること（利他行）ができるのであり、それ以前はだめだ。そこにはかつての個我が個我にしがみつく愛（愛執）などなく、有情・非情を問わず、存在するすべてのものに向けられた愛、すなわち無縁の愛となる。

『起信論』はこの利他行を「自然業」と呼び、「心相皆尽くを涅槃を得て自然業を成ず」と言った。心（心相＝妄心＝**散心**）がことごとく尽きて、消え去るならば、つまり無心（無我）となるならば、もとよりそこは涅槃である。なぜなら、生死とは妄心（**散心**）であり、涅槃とは真心（**本心**）、すなわち妄心が尽きた無心をいうからだ。そして「自然業」とは、心を尽くして心の本源（心源＝**本心**）へと辿りついた覚者（真人）は、ことさら何かをするということではないが、彼の存在そのものが自然に他を利することになるというほどの意味である。言うまでもなく、この場合、「業」とはわれわれ人間を輪廻の鎖に繋ぎ止めるカルマの謂ではない。

自然にして而も不思議の業ありて、能く十方に現じ衆生を利益するをいう。

『大乗起信論』

心から心の本源（心源）へと辿る瞑想のプロセスは、親鸞的に言えば、**自力（の心＝散心）を捨てて他力（の心＝本心）を取る**プロセスは大乗仏教の基本理念である衆生利益（慈悲）にまで到達した。しかし、世間へと出かけて行く彼らは一体何を説かんとして、迷道の衆生に向かうのであろうか。それは、かつて理由も分からず生々死々を繰り返す無明存在であった彼らが（釈尊もかつてはそうであった）、今や真智に目覚め（真智の覚）、悟りの目（仏眼＝慧眼）でもって衆生を眺めるとき、彼らもまた、本より宝珠（宝蔵）を具えているにもかかわらず、さまざまな**無明の煩悩**（妄心）に覆われて、生死に沈淪しているという事実であった。

衆生は悟らずして長夜に苦を受け、諸仏はよく覚つて常恒に安楽なり。この故に、衆生をして頓に心仏を覚り速やかに本源に帰らしめん。

空海『平城天皇灌頂文』

心仏、すなわち心（**本心＝一心**）が仏に他ならないがゆえに、親鸞的に言えば、心が阿弥陀仏に他ならないがゆえに、かつて呻吟していた自らの姿をわれわれ衆生の中に見て、ただあなた自身の心を明らかに知り、本源の世界（法爾の世界）へと帰って行きなさいと勧めるのである。また、個々の人間の内側（本源＝心源）に帰るべき永遠の故郷（法性の都＝涅槃の城）があり、そこにわれわれ人間にとって必要なもの（功徳の大宝、自家の宝蔵）がすでに具わっていること、そして、それを知りさえすれば悟りともなれば、仏とも成って、二度と空しく生死の世界に沈淪することがないがゆえに、まさに釈尊が「群萌（生死に迷う私たち自身のこと）を拯い、恵むに真実の利をもってせんと欲してなり」と誓われたように、利他行に努めるのである。しかし、そのためにはまずわれわれ自身が覚るのでなければならない。その一連のプロセスを親鸞は次のように言う。

法性の都というは、法身ともうす如来の、さとりを自然にひらくときを、都へかえるというなり。これを、真如実相を証すとももうす。無為法身ともいう。滅度にいたるともいう。法性の常楽を証すとももうすなり。このさとりをうれば、すなわち大慈大悲きわまりて、生死海にかえりいりて、普賢の徳に帰せしむともうす。

親鸞『唯信鈔文意』

悟りとは一念の迷いによって退転した法性の都に復帰することであった。迷いも一念なら、悟りも一念であることを親鸞が「信楽の一念」と呼んだことはすでに指摘しておいた。そして、信楽とは**本心（一心）**のことであり、親鸞において、まず一人ひとりが**貪、瞋、痴の三毒に惹かるる剛強の自力（の心）を捨てて、無明の煩悩に汚されざる明明たる本心に基づく**ことが「法身ともうす如来の、さとりを自然にひらくとき」であると同時に、法性の都（法然の有＝自然法爾の世界）に帰ることである。このように真理（真如実相）を覚るならば、真理の身体（無為法身＝自然虚無の身、無極の体）を得て、再び生死輪廻の陥穽に淪むことはなく（滅度）、至徳の風静かに衆過の波転じ、法性常楽の境地に至る。ここに初めて、われわれは長夜に苦を受け、生死の波に浮沈する多くの人々を気遣い、自らの悟りの境地を分かち合うために生死海に帰り、衆生利益に努めることになる。それを親鸞は「普賢の徳に帰せしむ」と言ったが、『要文』では**我が宗は菩薩自受用に結縁し、愍みを心に含み**と言う。

何よりも、われわれ自身が**本心（一心）**を知り、真智に目覚める（真如実相を証する）ところまで到達して、初めて生死海に廻入し、大慈大悲心（度衆生心）をもって、衆生を利益する菩薩とも成り得るのだ（「いまし煩悩の稠林に入りて諸有（衆生）を開導し、すなわち普賢の徳に遵いて群生を悲引す」親鸞『浄土文類聚鈔』)。自信教人信とは、ただ自ら信じるところを人に教え信じせしめるというのではなく、先に親鸞が**信心ある人に言ふ、只我が心を明らむ外は雑行なり**と諫めたように、厳密には、自らの心(自心＝**本心**＝**一心**)を明らかに知ったものが、それ有ることを他者にも教え、真智に目覚めさせることなのだ。

2　異類中行

無明長夜の眠りから目覚め、自ら光となって無明を照らす覚醒の炎こそ、宗教的な意味における救い、すなわち無明(avidya)から明(vidya)、生死(此岸)から涅槃(彼岸)へと人を誘うことができるのだ。われわれは軽々に救いを口にするけれども、まず、われわれ自身が自らの内なる真実(自家の宝蔵)を覚り、内なる光明(悟り)を達成してこそ、迷妄の世界に酔い痴れ、無辺の生死海が悪夢であることを覚らぬ人間(衆生)を無明の闇から光へ、世間(サンサーラ)から出世間(ニルヴァーナ)へと誘うことができるのだ。逆に言えば、自己の真実に目覚め、明の人(覚者)とならない限り、われわれ人間はそうと気づくこともなく、この地上にトラブルを持ち込むことになる。早く釈尊が「先ず、自分を正しく整え、次いで他人を教えよ」(『真理のことば』)と諭したように、初めから利他などあり得ないこと、また「一盲、衆盲を引く」過失を犯さないためにも(『無門関』)、私はこれだけは強く言っておきたい。というのも、自らの問題さえ解決できていない者に利他などあり得ないだろう。いまだ無明の闇に閉ざされた盲人が盲人の手を引いてどこへ行こうというのか。

彼らは盲人を手引きする盲人である。もし盲人が盲人を導くならば、二人とも穴に落ち込むであろう。

『マタイの福音書』

これはイエスの言葉であるが、よく噛み締めてみる必要があるだろう。自らを省みず人の道を説く大人は多い。私はそれについて異議を挟むつもりは毛頭ない。なぜなら、宗教はある意味で人の道など説いていないからだ。そして、人の道を説くだけならばわざわざ宗教を持ち出すこともなかろう。事実、そんなものを知らなくとも人は臆面もなく人の道を説いている。しかし、大道（仏道）は違う。なぜなら、ともども生死輪廻の陥穽に落ち、徒に生々死々を繰り返すことになるからだ。

それ生は吾が好むにあらず。死はまた人の悪むなり。しかれども猶、生れ之き生れ之いて六趣に輪転し、死に去り死に去って三途に沈淪す。我を生ずる父母も生の由来を知らず。生を受くる我が身もまた、死の所去を悟らず。過去を顧みれば、冥冥としてその首を見ず。未来に臨めば、漠漠としてその尾を尋ねず。

空海『秘蔵宝鑰』

人は自ら望んでこの世に生まれてきたのではない。また老死を望んでいるわけでもないのに、行き着くところは皆同じ野辺の煙だ。しかし、それで終りかというと、そうではなく、人は生々死々を繰り返し、六道輪廻の世界を転々としながら、三途の獄（地獄・餓鬼・畜生）を離れられないでいると、空海は嘆く。そして、あなたを産んでくれた父母も生がどこから始まったかを知らないし、生まれてきたあなた自身も死の去り行く所を知らない。産むものと生まれるもの、どちらも生の由来と死の所去を知らないとしたら、これほどの無知が他にあるだろうか。今日、いろんな情報が飛び交っているにもかかわらず、この親から子へと連綿と続く無知こそ世間の混乱と矛盾の元凶であることを誰も指摘しない。親が子に託すべきは何かを知らないがゆえに、この無知の連鎖が、関係の親疎を問わず、親子ともども相率いて三途に淪むことになるとしたら、この無知はいつかどこかで断ち切られなくてはならないが、産むものとして断ち切るか（親鸞の場合）、生まれたものとして断ち切るか（空海の場合）、これ以上は私の踏み込むべき事柄ではなく、あなた自身の問題であると言うにとどめておこう。

親鸞と道元も「広劫多生」と言ったように、広劫よりこのかた、われわれは徒に生まれ、徒に死を繰り返してきたというのが、禅・浄・蜜いずれも一致した人間理解であった。しかし、現代科学の発達した今日、輪廻転生を持ち出すことを躊躇い、中には改変しようとする不遜な輩（宗教家）がいるが、機根拙い人間の悟性にとって、にわかに信じられないという理由で、曖昧にしているケースによく出くわす。ここで強く言っておきたいことは、生死輪廻する中で人間が迷いを深め、逼迫していると本当に知るのは、あなた自身が真智に目覚め、生死が一場の夢に過ぎないと知った時に限られ、それ以前では断じてないということだ。そして、かく知り得たものが、改めて人間を見る時、無始以来、生死輪廻する中で、かつて一度は自分の親であり、子でなかったものはいないと知り、それは人間にとどまらず、われわれが口にしている動物まで含まれると知るのだ。なぜなら、一切衆生には六道の住人すべてが含まれるからだ。

吾、是れ無始より已来、四生六道の中に父と為り、子と為る。何れの生をか受けざらん。何れの趣にか生ぜざらん。若し慧眼を以て之を観れば、一切の衆生は皆是れ我が親なり。

空海『性霊集』

空海だけではなく、仏教の開祖・釈尊さえも、無始よりこのかた六道・四生の間を無益に経巡ってきた。彼らもまた、われわれが現在そうであるように、かつては衆多の生を繰り返す迷道の衆生であったのだ。その間、さまざまな生（四生）を享け、さまざまな処に趣き（六道）、父となり子となったことも数知れず、そう考えると、どのひともかつて一度は我が父母であり、我が子でないものはいない。仏と成った彼らの目（慧眼）に、三界生死に迷う衆生は、かつて自分が在った苦悩の旧里で、ただ迷いを深める我が父母であり、我が子ならば、『法華経』の次の言葉も、なかなかに哀切な響きを持ってくるではないか。

今、この三界は　皆　これ、わが有なり
その中の衆生は　悉《ことごと》くこれ吾が子なり

『法華経』

もう一度言っておくが、空海が「慧眼を以て之を観れば」というところに、いわゆる衆生眼

（われわれ凡夫の、殆ど盲目ともいうべき粗雑な目のこと）ではなく、悟りの目（仏眼・慧眼・心眼）を開くのでなければ、つまり、われわれの悟性ではとうてい輪廻転生も分からなければ、まして一切の衆生が皆我が父母であることなど分かりようもないということだ。従って、輪廻転生について、悟り（真智の覚）を得ていないものが取るべき態度は、覚者の言を受け入れるか、曖昧に濁すことによって、仏教を語る（騙る）に落ちないよう細心の注意を払うか、いずれかであろう。もっとも、あなたが輪廻転生を抜きにし、親鸞が「一切の有情は、みなもって世々生々の父母兄弟なり」と言ったことを説明できるとしての話であるが。

親鸞は父母の孝養のためとて、一辺にても念仏もうしたること、いまだそうらわず。そのゆえは、一切の有情は、みなもって世々生々の父母兄弟なり。いずれもいずれも、この順次生に仏になりて、たすけそうろうべきなり。わがちからにてはげむ善にてもそうらわばこそ、念仏を回向して、父母をもたすけそうらわめ。ただ自力をすてて、いそぎ浄土のさとりをひらきなば、六道四生のあいだ、いずれの業苦にしずめりとも、神通方便をもって、まず有縁を度すべきなりと云々

『歎異抄』

親鸞にとって、**念仏は、我が心（の異名である阿弥陀仏）を呼び返し呼び返し、散乱の心を止むるがための方便**であった。父母の追善供養のためにあるのでもなければ、まして善行・功徳でもない。何よりも父母の孝養というけれども、無始以来、他ならぬ自分自身が出離の強縁もなき

まま、世々生々に迷ってきた常没の凡夫であってみれば（彼自身が「世々生々にも迷いければこそありけめ」と言っていたことを思い出してほしい）、どんな人も一度は世々生々の父母兄弟であったはずだ。しかし、その彼らもまた、「生の由来」はもとより、「死の所去」を知らないまま、世々生々に迷う迷道の衆生として、幾たびか親となり、子となって、六道・四生の間を転々としてきたのではないか。

そうだとすれば、いずれの人も、生死を離れんことこそ諸仏の本意であることを銘記し、次の世（順次生）では必ずや仏と成って、生死に迷う彼らを助けるべきであると、親鸞は利他行（衆生抜済）について言及する。さらに彼は、ことこまかに、ただあなたが自力を捨てて、いそぎ浄土の悟りを開くことができたならば、まず有縁（近親者）を度すべきであると順位まで指定しているのだ。

われわれの文脈（『要文』）に沿って言えば、ただ**自力（の心）を捨てて他力（の心）を取る**、すなわち**明明たる本心**に基づくならば、それが浄土の悟りともなる。しかし、その浄土（法性の都）とはわれわれ自身の心の本源（心源＝**本心**）であり、しかも、その心（**本心**）が阿弥陀仏（如来）であったから、そこに到達することが浄土の悟りを開くことにもなるので、親鸞は「法身ともうす如来（阿弥陀仏）の、さとりを自然にひらくときを、（法性の）都へかえるというなり」（『唯信鈔文意』）と注釈を付けたのだ。

慈悲に聖道・浄土のかわりめあり。聖道の慈悲というは、ものをあわれみ、かなしみ、はぐくむなり。しかれども、おもうがごとくたすけとぐること、きわめてありがたし。浄土の慈悲というは、念仏して、いそぎ仏になりて、大慈大悲心をもって、おもうがごとく衆生を利益するをいうべきなり。今生に、いかに、いとおし不便とおもうとも、存知のごとくたすけがたければ、この慈悲始終なし。しかれば、念仏もうすのみぞ、すえとおりたる大慈悲心にてそうろうべきと云々

『歎異抄』

慈悲（利他行）に聖道と浄土の違いがあるとするのは、仏教の根本課題である、生死を離れ、仏と成る道に聖道門と浄土門の二門があるとする、浄土門の側から出てくる考え方である。まず聖道の慈悲とは、いわゆる菩提心を起こし（この菩提心が自力の心であることは言うまでもない）、自らの救いを先とするのではなく、いのちあるすべてのもの（衆生）を憐れみ、悲しみ、育むことによって悟りの境地に赴こうとすることである。これが一般に考えられる自力・聖道門の修行の一端であり（例えば、六波羅蜜など）、そのような慈悲の心でもって思うがごとく衆生を利益し、救うことは極めて難しいであろうことは『歎異抄』の言う通りである。いわんや、われわれ人間が日常、他者（有縁者を含む）に見せる同情や悲しみなど、どんなに手を尽くそうとも、今生の生命さえ助けられないのに、どうして生死を離れ、仏と成るところまで引き上げることなどできようか。

一方、浄土の慈悲とは、「念仏して、いそぎ仏になりて、大慈大悲心をもって、おもうがごと

く衆生を利益する」ということだが、二つのキータームを補うと、念仏して、順次生（『歎異抄』）に仏と成った暁には、生死海に帰り入りて（『唯信鈔文意』）、大慈大悲心をもって、おもうがごとく衆生を利益するのが、浄土の慈悲ということになろう。

ここにおいて、慈悲（利他行）に聖道・浄土の違いはあるが、これまでの説明からも分かるように、私が本編で一貫して問い直している聖道も浄土も、誰もが本来具えている本有の心、すなわち**本心（一心）**を知るならば、それが他ならぬ仏心（三心平等の**一心**）であるがゆえに大慈大悲心となり、思うがごとく衆生を助ける度衆生心ともなろうということである。また、菩提心についても、同じ論拠から、自力と他力の二つに分けられようが、先に空海が「本心を菩提と名づけ、また仏心と名づく」（『一切経開題』）と言ったように、**本心**が悟り（菩提）の心、すなわち仏心であるから、それが自力の菩提心でないことは明らかである。

本来、聖道・浄土、いずれの場合も、自心（**本心＝一心**）を覚って、衆生利益を考えているのであり、親鸞も、まず自ら念仏して、いそぎ仏になること、すなわち阿弥陀仏に他ならない**我が心を呼び返し呼び返し、散乱の心を止むるがための方便**である念仏を通して本心仏（**本心**が仏、すなわち阿弥陀仏であること）に目覚めるならば、もとよりそれは大慈大悲心（仏心）であるがゆえに、思うがごとく衆生を利益することにもなろうということなのだ。

『歎異抄』を見る限り、まずわれわれ自身が、いそぎ浄土の悟りを開き、いそぎ仏に成るのでなければ、利他行として、有縁さえも救えないということだ。自分はさて置き、他者の救い（利他）を先とするといえば、聞こえもよく、大乗の理念にも適った菩薩道を実践しているかのように映るが（これが親鸞の批判的「聖道の慈悲」と考えられる）、そうではなく、まずあなたが先なのだ。というのも、いまだ自分の問題さえも解決していない迷道の衆生であるあなたが一体何をしようというのか。あなたという一個の存在は、私も含め、確かに途方もない可能性を秘めてはいるが、このままでは（無明に閉ざされた迷道の衆生である限りは）、あなたが一人地上に存在しなければ、それだけトラブルは少なくてすんだであろう、ただそれだけの存在でしかないのだ。そんなあなたがたとえ父母の孝養のためといって何ができよう。

だから親鸞は、いそぎ浄土の悟りを開き、いそぎ仏に成ってと条件を付けているのだが、私の見る限り、いそぎ悟りを開き、仏に成ろうとしているのはむしろ禅をはじめとする聖道門の人々であるように映る。というのも、衆生本来仏であることを自ら証し、即身に仏と成って、大慈大悲心をもって、おもうがごとく衆生を利益することは、過去に輩出したであろうすべての覚者（仏）たちの共通の悲願（本願）であったからだ。

それに比して、いわゆる浄土門の人々（『歎異抄』的利他行を念頭においているもの）は、早く浄土に生まれ（往相）、順次生に悟りを開き、仏とも成って、再び生死海に帰り（還相）、衆生を利益せんとうずうずしているのかもしれない。ならば、往くことは還えることだなどと理屈を言う前に、こんなところでもたもたしていないで、早く死んで（浄土に往生して）悟りを開き、思うがごとく衆生利益（衆生抜済）に努めてはどうか。

仏は衆生の身中の本来自性の理は仏と等しくして差別なしと知りたまへり。而も衆生は己が本有本始両覚は仏と等しきを知らず。恒常に六塵の煩悩に覆弊せられて、顕出すること能はず。この故に仏、悲願を発したまふ。我、衆生を抜済して我の如く異なることなからしめんと、この誓願を垂れたまふ。

空海『秘蔵記』

悟りの目（仏慧＝仏の智慧）で衆生を見たとき、衆生の本質（自性）は本より仏であるにもかかわらず、衆生はそれを知らず、ただ**無明の煩悩**（六塵の煩悩）で覆うがゆえに、それを明らかにすることができないまま、生死輪廻の世界に沈淪している。仏はそれを哀れんで、自分と同じ悟りの境地にわれわれ衆生を引き上げるために、涅槃に留まらず生死海に廻入し、さまざまな方便を説く。しかし、衆生にとって真に利益となるものは、自らの本性（自性）、あるいは**本心（一心）**にすでに具わっている。それを親鸞が「真実の利」、馬祖が「自家の宝蔵」と呼んだこともすでに述べた。この生死に迷うわれわれ衆生を宝蔵の世界（法性の都）に連れ戻すことを第一の目的としているのが仏（阿弥陀仏）の本願（誓願）なのだ。

承元の法難（一二〇七）で流罪となり、還俗させられた親鸞は自らを非僧非俗と呼んだ。九歳で出家し、ほぼ二〇年に及ぶ比叡の山で修行僧として過ごし、さらに師法然の教えに真摯に耳を傾ける僧綽空はもうそこにはいない（非僧）。今や、**魚肉禁戒も持たず、男女道俗も席を同じうして、**法を説く彼がいる。その法とは、もちろん、かつて釈尊が覚醒の暁、自ら覚り得た真理は、自分だけではなくすべての人が本より具えている自家の宝蔵でありながら、衆生は**無明の煩悩**でそれを翳すがゆえに気づいていないというものであった。

一切の衆生は悉《ことごと》く皆如来の智慧・徳相を具有す、唯妄想執着あるが故に証得せず。

『華厳経』

釈尊四五年に及ぶ教化は、まさにこの自ら証得した真実（真実の利＝智慧・徳相）を人々に説く旅であり、それあることを知らせんがために彼はさまざまな方便（方法）を編み出していく。今、幸いにも、自らそれを享受する身（自利＝**菩薩自受用**）となった親鸞が、今度は生死に迷う衆生に回施し、分かち合うために（利他）、**永く此生を異類中行すべき**と文字をも知らぬ人々に法（**自他差別なき一心**の法）を説いている。異類とは六道に輪廻している衆生がそれぞれ類を異にしているという意味であるが、もし人がこの本有の心（**本心**＝**一心**）に具わる真実の利（自家の宝蔵）を知ることができたら、私（親鸞）と同じ、もはや世々生々に迷う迷道の衆生ではなく（非俗）、釈尊の法を継ぐ真の仏弟子と呼ぶに相応しいものとなろうということだ。

これこそ自利利他に努めた幾多の仏（如来）たち共通の悲願（本願）であったはずだ。たとえ衆生が六道・四生のあいだ、いずれの業苦に淪《しず》めりとも、**柔和を以って殊勝を抱き、慈悲を以って行とせば、如来の本願に漏れず**、生死の流れを廻らせて浄土（法性の都）へと帰って行くであろう。ここには時の権力者に対して、自らの立場を鮮明にしつつ、僧俗（当然、為政者も含まれる）ともども生死の苦海に沈淪しながら、それを知らず、自ら迷惑し、いよいよ混迷を深める彼らに、激しい怒りにも似た警鐘を鳴らしている彼がいる。

翻って、親鸞は**我が宗において自力を捨てて他力を取る**と言い、他力（の心）とは**明明たる本心**を指していた（第一章）。また、自らの宗教を**一向一心の宗旨**と呼び（第二章）、**一心**を知ることが**生死善悪を離れ**、仏とも成ることであった。しかし、この**一心**は彼だけではなく、誰もが本来具えている本有の心（**本心**）であるがゆえに、それを彼は**自他差別なき一心**と呼び、敷衍すれば『華厳経』の三心（自心・仏心・衆生心）平等の**一心**であった。

それはまた、人間だけではなく、生きとし生けるすべてのもの（衆生）が本来有している心であり、形は異なるけれども、その本質は**一心**（**本心**）においてすべて父母兄弟であるだけではなく、彼らもまた本来仏なのだ。もちろん、そうと知るのは真智に目覚めた覚者であり、仏教が不殺生戒を説くのも、ただ単に社会の規範や倫理的な要請ではなく、深く存在の実相を見極めた覚者の目（慧眼）が捉えた、ごく自然な発露であったのだ。逆に言うならば、その本質（実相）を見て取れない限り、われわれは本当の意味で他者（それは人間に限るのではない）を気遣うことはなく、個人から国家に至るまで、絶えず離合集散と愛憎を繰り返しながら、自分（身内）には寛大で、外に向けては極めて巧妙な暴力となる。

空海が衆生の本性（自性）は仏と等しく、また白隠が衆生本来仏と言うのも、彼らが慧眼（仏眼）でもって衆生を見たときの率直な感慨と驚愕の表明であったのだが、この事実は、救うべき衆生もいなければ、ことさら仏となるべき衆生もなく、救いは十劫の昔にすでに完成しているが、それにもかかわらず衆生は**無明の煩悩**ゆえに生死に沈淪しているという、とても矛盾した存在であることを意味している。しかし、意外に思われるかもしれないが、生きとし生けるものが仏と衆生という相矛盾した存在であるからこそわれわれは仏と成ることができ（自利）、また他者に仏と成るべく救いの手を差し伸べることができるのだ（利他）。というのも、もし衆生が本来仏でなければ、どう手を尽くそうとも、救うことなどできないだろう。言い換えれば、生死に迷う衆生の**本心**が仏（本心の仏）であるからこそ、また**一心**が仏（一心の仏）であるからこそ救い、すなわち成仏は可能なのだ。その意味で、親鸞が**阿弥陀仏とは、我が心（本心）の異名なり**としたことは殊のほか重要な意味を持つと言わねばならない。

仏教者は軽々に衆生救済（利他）を口にするけれども、生死に迷う衆生が本来仏であるから救い（生死を離れ、仏と成ること）が可能であり、救いとは、言ってみれば、悪夢にうなされている人を揺さぶり、起こしてやれば、たちまち悪夢は消えて、現実の自分に戻り、ほっとするようなもので、親鸞が**必ず仏は遠きにあらず、還って我が心に立ち進むべきこと**と言ったように、心（妄心）ゆえに生死の夢を見ていたものが本有の心（**本心＝一心**）に立ち返り、真智に目覚めるならば、本より自分は仏であったと知る、あるいは自らの**本心**が仏（その仏とは、親鸞においては阿弥陀仏であった）であったと知るだけなのだ。すると、利他と言いながら、喉の渇きを潤すために、泉（生の源泉）まで道案内はするものの、実際それを掬い口にするかどうかは彼ら自身に委ねられていることになる。

そして、幸いにもその味わいを知ったものが、まず度すべきは有縁であると親鸞は言うが、「度す」とは「渡す」という意味であるから、サンサーラの世界（此岸）からニルヴァーナの世界（彼岸）へ有縁（衆生）を渡すと、まずは理解される。さらに、彼岸とは、「二河白道の比喩」で説明した通り、あなたの心の本源（**本心**）に拓かれてくる世界であり、そこは阿弥陀仏が隠れ住まう西方浄土（法性の都）であった。しかし、それを妄心（**散心**）で翳し、永き生死の夢を見ているのは彼（彼女）自身である。すると、たとえあなたがいそぎ悟りを開き、仏と成ったとしても、あなたが彼を引き連れて此岸（生死の世界）から彼岸（涅槃の世界）へと渡すことはできない。なぜなら、**本心**は彼自身の心の本源であるから、**本心**を知って、生死の夢から覚めるかどうかは彼自身の問題であり、またそれを知るのはその道を歩むものに限られることは言うまでもない（慧能が「衆生は心を識って自ら度す、仏は衆生を度すること能わず」と言ったことを思い出してほしい）。

すると、この事実は、だれもが今生において**本心**に目覚め、生死の苦海を渡り、彼岸に達するとは限らないことを意味している。否、彼岸に達する人々は少なく、多くは生死の夢を貪り、此岸で迷いを深めるばかりであるというのが釈尊の指摘でもあった。そして、今生において、幸い真の知識に目覚めたものにも（真智の覚）、また人生は一度限りと高を括り、波々として生を渡り、宗教（仏教）など、戯言と一笑に付して取り合わなかったものにも、いずれ死は平等に訪れる。もちろん、前者は彼岸に到達し、再び生死の陥穽に淪むことはないであろうが、彼岸に達しなかった死者はどうなるのであろうかという疑問が残されていた。それに対して、本当の意味で彼岸（涅槃の世界）に到達するのでない限り、誰もが行き着く死後の世界もまた、此岸（虚妄の世界）の一つに過ぎない、と述べておいた（二〇四ページ参照）。果たして、彼らにとって死はどういうものなるかを最後に素描しておこう。

3　バルドにおける悟り

チベット仏教・ニンマ派に伝承されてきた『チベット死者の書』（バルド・トドウル）はバルドを六つに分けるが、『倶舎論』を著した世親はその中でバルドを本有・死有・中有・生有の四つ（四有）に分けている。それらを対照させると次のようになる。

①　存在のバルド　　〈本有〉
②　夢のバルド
③　瞑想のバルド
④　死のバルド　　〈死有〉
⑤　法性のバルド　　〈中有〉
⑥　再生のバルド　　〈生有〉

存在のバルド（本有）は「母胎より誕生してこの世に生きる姿のバルド」と言われるように私たちが今いる所（世間）であり、ここもバルドなのだ。そしてバルドには、いまだ至るべきところに到達していないという意味があり、われわれは今、生死輪廻する世界（世間）にあって、本来在るべき涅槃の世界（出世間）に到達していないということだ。これまで縷々述べてきたのはすべて、存在のバルド（本有）において、如何にすればサンサーラの世界（此岸）からニルヴァーナの世界（彼岸）へと渡って行けるかということであったのだ。そして、存在のバルドにおいて稀に悟りを得るということがあるように、六つのバルド、あるいは四有のすべてが生死に迷うわれわれにとって悟りの、あるいは成仏の機会ともなり得ることを意味している。しかし、各人が担うカルマ（業）ゆえに、その可能性はあっても必ずしも容易でないことは言うまでもない。

死は人間にとって最も避けたいものであるが、無明から始まる生に老死は避けられなかった（十二支縁起）。しかし、今生（存在のバルド）において、幸いにも真理（法）を覚ることができたら、真理の身体（真身＝法身）を得て、死に続くバルドをさ迷うこともなく、本源の世界（法性の都＝法爾の世界）へと帰り、二度とこの世に空しく戻り来ることはない。しかし、多くの人の場合、機根拙く、辿り着いた死の世界（後世）は自らのカルマに随って次々と現れる幻影に惑うイマージュの世界となる。

いずれにせよ、今生（本有）で悟りを得た者も、得られなかった者も、またそんなことに全く関心のなかった者も終には死ぬ。父母から享けた肉体（五蘊の仮我、それはまた六道の苦身の一つでもあった）は、いずれその機能を終える時が来るのだ。そして、これら三者は三様の死を迎えることになるが、私がここで問題にしたいのは覚者でもなければ、仏道を蔑ろにしてきた者でもなく、これら両者の間にあって、いそぎ悟りを得ることができなかった者にとって、死はどんなものになるかを明らかにすることなのだ。『チベット死者の書』は六つあるバルドの中でも特に④⑤⑥のバルドについて詳しい記述が見られ、死のバルドから、法性のバルドを経て、再生のバルドに至る四九日間が描かれている。果たして、死とそれに続くバルドは如何なるものになるのであろうか。

（1）死のバルド（死有）

意識が次第に薄れ、呼吸が途絶える死のバルドにおいて〈根源の光〉があなたの前に現れてくるであろうと『死者の書』はいう。そして、無明の闇を突き破る死の光明があなたの内なる実存を照らし出すとき、一瞬にして生の源泉は開示され、あなたの意識は色もなければ形もない空性の大楽に包まれる。この意識の根源は始めもなければ終りもない永遠の光であり、仏性に他ならない。もちろん、仏性はあなたの本性（自性）であるから、それを覚ることができたら、ダルマ・カーヤ（法身）を得て解脱する。それ以後、あなたはバルドはもちろんのこと、空しく生死輪廻の世界をさ迷うことはなく、涅槃の世界へと入る。

するると、死の瞬間（死のバルド＝死有）は、できる限り死を避けようと手を尽くすが、結局は力尽きて死ぬことになる多くの人々の場合はもちろん、今生において仏教（宗教）に何の関心も示さないばかりか、早々と死はすべての終りと高を括っていた愚か者の場合も、等しく悟りの機会になっていることが分かる。死に対してわれわれは消極的・否定的態度をとるけれども、死の瞬間は悟りの、成仏の可能性を秘めたまたとないチャンスになっているのだ。とは言うものの、ことはそれほど容易ではなく、死についての誤った思い込みが禍して、多くの場合、人は死に臨んで、混乱と恐怖は避けられないだろう。

死に臨みて奈河《だいが》を渡るに　誰か是れ嘍囉《ろうら》の漢ぞ
冥冥たる泉台（黄泉）の路　業に相い拘絆《こうはん》せらる

『寒山詩』

あなたが一人死出の旅へと趣く孤独と不安はこの地上で経験したそれとは全く異なったものになるだろう。それだけではなく、死のバルド（死有）では、あなたの存在そのものが無（空）の中へと消え、永久に終ってしまうのではないかという恐怖と立ち向かうことになる。しかし、この恐怖は存在のバルド（本有）で説明した「大死一番」、「前念命終・後念即生」と同じプロセスなのだ。違いは、今生（本有）においては、われわれが意図的に死の中に入っていくのに対して、半ば強制的に死と対峙させられる恐怖なのだ。しかも、それはただ肉体の死にかかわるだけではなく、あなた（の個性）が無の深淵に呑み込まれていく、いわば自我の死（仮我の死）にかかわる恐怖なのだ。そして、この死に恐怖することなく、無（空）の中に自らを解き放ち、その光と一つに溶け合うならば（入我我入するならば）、今生における大いなる死の体験（無我の体験）が悟りともなるように、死の瞬間（死のバルド＝死有）はあなたが自らの本性（自性＝仏性）、あるいは心の本性（**本心＝一心**）に目覚め、仏とも成って、もはや生死に迷うことのないダルマ・カーヤ（法身）の悟りを得る一瞬ともなっているのだ。

言い換えると、われわれは死の只中にわれわれがかつて生まれたこともなければ、死ぬこともない永遠の存在であること、あるいは外側（世俗の我）は死に取り囲まれているが、われわれの内なる実存（真実の我）は不死なるものとして常に存在すると知るのだ。もちろん、それを知るのは、生前、死の中に深く入って行った者（かいつまんで言えば、心と取り組む瞑想の中に深く入って行った者）に限られる。つまり、為すべきことはすべて死ぬ前に為されねばならないということだ。そうでなければ、われわれは死に際して〈死の光明〉を捉えることはおろか、死が悟りの機会となっていることさえも分からないまま、無意識の内に死のバルド（死有）を通過することになる。そういう意味において、宗教とは死の練習と言えるだろう。スーフィズムの思想家たちが「死ぬ前に死になさい」という理由もここにある。

このように『死者の書』は、われわれが死をタブー視し、ネガティブなものとして捉えているのとは全く逆に、死をポジティブに捉え、善人・悪人の別なく、死の瞬間（死のバルド）は悟りの、あるいは解脱のチャンスであるから、その時を逃してはならないと教えているのだ。ところが、そう簡単に事が運ばないというのも『死者の書』なのだ。生前（存在のバルド＝本有）の越し方にも依るが、死の瞬間のバルド（死有）において、誰もに平等に現れる〈死の光明〉を捉えられる人は殆どいない。残念ながら、悟りの機会を逃したあなたは自らのカルマ（業）に牽かれ、より低い次元である法性のバルド（中有）へと流れ行く。

（2）法性のバルド（中有）

死のバルド（死有）で悟りを得ることができなかったあなたは、このバルド（中有）でさまざまな光や幻影を見ることになる。もちろん、それを見ているあなたはもはや生前の身体（肉体＝五蘊の仮我）ではなく、「中有の身」と呼ばれるものであり、それは心（意識）から成る身体という意味で「意成身」とも言われる。すると、われわれには少なくとも二つの身体があることになる。一つは四大（地・水・火・風）からなる肉体（粗大身、キリスト教がいう「土の器」と同義）であり、もう一つは意成身（微細身）である。死を身体論で言えば、粗大身を脱ぎ捨てて微細身を現すとなるが、死がすべての終りと高を括っていた無知の輩がバルドにおいて混乱を来たす理由もここにある。それは早まって自殺を選ぶものにも言える。ともあれ、死のバルド（死有）で悟りを得ることができなかったあなたは法性のバルド（中有）へと退転することになるが、このバルドをなぜ〈中有〉というかについて、世親が説明を加えているので、まずそれを見ておこう。

何の法を説きて中有と名くるや。何によりて、中有はすなわち生と名くるに非ざるや。頌に曰く、

死と生との二有の中の　五蘊を中有と名く
未《いま》だ至るべき処に至らず　故に中有は生に非ず

論じて曰く、死有より後、生有の前にありて、すなわち、かの中間に、自体ありて起こり、

生処に至らんがための故にこの身を起すなり。これは二趣の中間なるが故に、中有と名く。この身すでに起こる。何ぞ生とは名づけざるや。生とはいわく、当来まさに至るべきところの処なり。所至の義によりて生の名を建立する。この中有の身は、その体起こると言えども、しかもいまだ彼に至らざるが故に、生とは名けざるなり。

世親『倶舎論』

要は、法性のバルド（中有）が死のバルド（死有）と再生のバルド（生有）の中間に位置し、いまだ至るべき生を得ていないので（具体的には、六道・四生のいずれかの生をまだ享けていないので）、生とはいわず中有ということのようだ。簡単に言えば、死有と生有の中間世界が中有であり、そこをさ迷うあなたはまだ六道の身体を得ていないので、それを「中有の身」と呼ぶと。

『死者の書』は死のバルド（死有）で解脱することのできなかったあなたは、法性のバルド（中有）において、あなたを錯乱させるさまざまな幻影（寂静尊と忿怒尊）を見ることになろうという。しかし、その幻影はあなたの生前の文化や伝統に基づく行為（カルマ）によってさまざまで、必ずしもチベットの風土と文化を背景に書かれた『死者の書』に登場する仏たちではない。むしろ、信仰する宗教によってさまざまな神々を見ることになる。もしあなたが浄土教の信者なら阿弥陀仏を、キリスト教であればイエスやマリアの像が現れてくるかもしれない。いずれにせよ、大切なことは、法性のバルド（中有）で現れてくる幻影はすべてあなたの意識が投影したものであると知ることなのだ。

このバルド（中有）における経験に類似したものを挙げるならば、それは夢（のバルド）であろう。夢の場合、夢を見ているあなた（主）と夢（客）が共にあなたの心（意識）が投影した幻影であるとあなたは経験から知っていよう。目を覚ませば、夢はもちろんのこと、夢の中で悪夢（としておく）と格闘していたあなたも消え、それらが共に仮有実無であったと知るが、目を覚まさない限り、悪夢は続いていくように、今あなたの目の前に現れている幻影が自分の意識が投影したものであると気付かない限り、それに恐れをなし、格闘することになるのは夢の場合と同じなのだ。そこで、見るもの（主）と見られるもの（客）、いずれもあなたの意識が投影した幻影であり、それらが共に無であると知って、一つになることができたら、あなたはサンボガ・カーヤ（報身）を得て仏となる（「智者は二（主客）は皆な無なりと了達し、二の無なる真の法界に等住す」）。それ以後、あなたはバルドを彷徨うことはもちろん、再び生死の陥穽に淪むこともない。しかし、そうできなければさらに低次のバルドへと流れ行く。

（3）再生のバルド（生有）

死有と中有で解脱することのできなかったあなたの意識は最後の再生のバルド（生有）へとさ迷い行く。今こそ惑わされることなく、どのような幻影が現れてこようとも、すべては自分自身の意識が投影したものと覚ることができたら、あなたはニルマーナ・カーヤ（応身）を得て、解脱できるであろうと『死者の書』はいう。しかし、殆どの人の場合、生前のカルマ（業＝行為）の力によって、錯乱させるさまざまな幻影が現れ、それに恐れをなしたあなたは、「私はこんなに苦しいのだから、どんなものに生まれてもかまわないから、早くそのものになりたい」と考え、何であれ現れてくるものの方に近づき、再び自らの業（カルマ）に相応しい六道（天、人、修羅、畜生、餓鬼、地獄）のいずれかに生まれることになる。

以上、三つのバルド（死有・中有・生有）を振り返ると、それぞれにおける悟りが仏の三身である法身・報身・応身に対応していることが分かる。しかし、仏は本来色もなければ形もない法身なのであるが（阿弥陀仏も本来そうであることは、すでに引用した親鸞の説明からも明らかである）、三つのバルドでそれぞれ異なるのは、仏に原因があるのではなく、われわれの心、あるいは意識の細麁、すなわち浄化の度合と関係しているのだ。親鸞が**必ず仏は遠きにあらず、還って我が心に立ち進むべきこと**（第一章）とまずわれわれに辿るべき方向を指し示し、さらに**只我が心を明らむ外は雑行なり**（第四章）と言ったように、本有（存在のバルド）における心の取り組み、すなわち瞑想の深浅に依るのだ。

死有（死のバルド）における悟りは色もなければ形もない光である法身・阿弥陀仏そのものの悟りの体験になり得るが、それが容易ならざることであるのは、われわれの側にそれを知るだけの用意ができていないことを示している。いわんや、死はすべての終りと高を括って死に臨む愚か者（自殺者を含む）に悟りなどあり得ないだろう。ともあれ、死有（死のバルド）において、法身・阿弥陀仏を覚ることができなければ、次の中有（法性のバルド）ではさまざまな色や形で荘厳された報身・阿弥陀仏が現れてくる。しかし、そこでも悟りの機会を逃すと、生有（再生のバルド）では六道に生まれるところに従って、見るところも同じではないが、それらは麁色からなる応身・阿弥陀仏なのだ。しかし、ここでも覚ることができなければ（殆どの人の場合ということになるが）、いよいよあなたは六道のいずれかに生まれることになる。

このように、三つのバルド（死有・中有・生有）でも覚ることができなかったあなた（中有の身）が、恐怖と錯乱の果てに辿り着く一つの可能性が子宮であり、かくしてあなたは再び肉体（粗大身）を纏い、物質からなるこの世界（本有＝存在のバルド）へと舞い戻ってくることになるのだ。

母胎に入るは、要ず三事のともに現前するによる。一には母の身が、この時調適すること、二には父母の交愛和合すること、三には中有の身の正しく現前することなり。

世親『倶舎論』

産むこと、また生まれることには三つの条件が整わなければならないが（われわれの認識では、産むことに二つの条件が必要とされるが、生まれることに条件はないことに注意）、『死者の書』は、もしあなたが男性として生まれるときは、母に愛着を持ち、父に対して激しい敵意を抱くであろう。もし女性として生まれるときは、父に愛着を持ち、母に対して激しい敵意を抱くであろうというが、ここでは世親の言葉を引用しておこう。生前の身体（肉体＝粗大身）にはなく、神通力を具えた中有の身（意成身＝微細身）が繰り広げる倒錯した愛憎の関係をよく描いているからだ。

是の如き中有は、生ずる所に至らんがために、まず倒心を起して欲境に馳趣す。彼は業力の起すところの眼根によりて、遠方に住すと雖《いえど》もよく生処の父母の交会するを見て、転心を起すなり。もし男ならば母を縁じて男の欲を起し、もし女ならば父を縁じて女の欲を起こし、これに翻じ二を縁じて、ともに瞋心を起す。

世親『倶舎論』

このように愛着（愛）と敵意（憎）が生じたときには、次のように考えるべきであると、『死者の書』は文字通り最後のチャンスに期待をかけて、あなたに云う。「今まで私が輪廻しさ迷ってきたのも愛着（愛）と敵意（憎）の二つの気持ちに振り回されて来たためである。今また、ここでこのように愛着と敵意の気持ちを持つならば、果てしなく輪廻しつづけることになるだろう。今こそ愛着も敵意も捨てよう」と。しかし、そう考える余裕もなく、カルマの風に吹かれて、いやおうもなく子宮の中に入り、再び釈尊が言うところの生・老・病・死の四苦からなる世間へと舞い戻ってくることになるのだ。終りは始めへと続く、この果てしない流浪の旅をサンサーラ（生死流転）と言う。

おほよそ本有より中有にいたり、中有より当本有にいたる、みな一刹那一刹那にうつりゆくなり。かくのごとくして、わがこころにあらず、業にひかれて流転生死すること、一刹那もとどまらざるなり。

道元『正法眼蔵』

良くも悪くも社会の基本に男と女があり、これまで実に多くのことが語られてきたが、これらの文献を見る限り、男女がどういう役割を果たし、新しい生命が生まれてくるとはどういうことかを考える一つのヒントにはなろう。しかし、この生命が本質的に新しくないことは死のバルド(死有)から始まる一連のプロセスを見れば明らかで、空海や親鸞が一切衆生を世々生々の父母兄弟というのも、随分と具体性を帯びてくるではないか。また釈尊が「母胎から他の母胎へと生まれ変わり、暗黒から暗黒へと赴く」(『スッタニパータ』)と言ったように、再生のバルド(生有)を経て、再び生死際なき輪廻の世界(当本有=存在のバルド)へと帰って行くのであるから、彼がなぜ生まれることにこだわり、四苦の一つに数えたか、少しは理解されるのではなかろうか。

さらに言えば、産むことが、また生まれることが手放しで喜べないだけではなく、まさに生まれ落ちるその瞬間から、再生のバルド(生有)で引き摺ってきた倒錯した愛憎そのままに、われわれが再び存在のバルド(本有)を始めることになるから、一遍が「流浪三界の相は愛染妄境の迷情なり」と言ったことも無理なく理解されよう。言うまでもなく、「流浪三界の相」とはわれわれ衆生が今、生々死々を繰り返しているサンサーラの世界(妄境界)を指している。果てしなく生死輪廻する根源に愛がある(すでに説明したように、愛と言えば、もう一方に憎がある、二元葛藤する世界にわれわれは今生きている)とする彼らの指摘を、今日われわれはどう理解すべきか大きな課題であるが、増長する愛(迷情)が更なる無明と昏迷を深めることになってはいないか、あなたに考えていただくとして、ここでは親鸞の言葉を引用し、私はこれ以上は口をつぐむ（詳細は拙著『自己認識への道』参照）。

恩愛はなはだたちがたく
生死はなはだつきがたし

親鸞『高僧和讃』

このように『死者の書』は死と次に生まれる（順次生）までの間、多くの者たちが道（バルド）の途中で彷徨うことになるから、四九日の間、死者の魂（中有の身）を教え導くことを目的に編まれた経典である。しかし、殆どの人々はここでも覚ることはできず、結局は男女交愛の幻影に惑わされ、再び子宮の中へと入る。そして、これが「もし盲人が盲人を導くならば、二人とも穴に落ち込むであろう」（『マタイの福音書』）という本来の意味なのだ。

かくして、われわれは生と死からなる物質世界を再び捉え、四大からなる血肉のからだ（粗大身）を纏って、また一から営々と生業に勤しむ。もちろん、ここが仮の住処とも知らず、終の住処を築くべく人は精を出す。言うことが憚られるが、あなたが今人間であることは、本有（前世）はもちろんのこと、死有・中有・生有と、ことごとく覚りの機会を逃してきた成れの果ての姿なのだ。そうとも知らず、喋々と人生を騙《かた》る人の何と多いことか。「此に死し、彼に生き、生死の獄出で難く」と言った覚者の嘆きが聞こえてきそうである。しかも私は、順次生は当然人間であるかのように話を進めてきたが、そうではないことは、源信の次の言葉からも窺い知ることができる。

それ一切衆生、三悪道（畜生、餓鬼、地獄）をのがれて、人間と生るること大いなる喜びなり。身はいやしくとも畜生におとらんや。家まずしくとも、餓鬼にはまさるべし。心におもうことかなわずとも、地獄の苦しみにくらぶべからず。世の住み憂きは厭うたよりなり。

源信『横川法語』

彼は、三悪道を逃れて人間として生まれたことは喜ばしいことではあるが、人間として生まれたことがいいとは言っていない。むしろ、人間として生まれてきたこの機会を捉えて、もう一度、住み憂きこの世を厭い、親鸞が言う「生死出ずべき道」を辿り、生死の世界（サンサーラ）から涅槃の世界（ニルヴァーナ）へと渡って行きなさいと勧めているのである。これは『死者の書』も全く同じで、バルド（死有・中有・生有の三有）で悟りを得ることができなかった者に、とりあえずは順次生（当本有）も人間に生まれ、もう一度、悟りの道（仏道）を歩むように目論まれた追善供養の経典となっている。

順次生という言葉は『歎異抄』で二度使われているが、親鸞の著作には見られないようである。しかし、大変問題ある表現で、殊に、浄土門の人々が利他行（衆生抜済）を説明する場合（狭義には『歎異抄』に沿って語る場合ということになるが）、深くその意味を探ることなく、解釈されている（言葉をにごしている）ようである。この言葉の理解をめぐって見えてくるいくつかの矛盾点を指摘するために、道元がその主著の中で、また日蓮が『開目抄』などで言及しているので、前者から引用して、まずその意味を確認しておこう。

もし人ありて、この生に五無間業（殺父、殺母、殺阿羅漢、出佛身血、破和合僧）をつくれる、かならず順次生に地獄におつるなり。順次生とは、この生の次の生なり。（中略）この三無間業をつくれるによりて、提婆達多、順次生に阿鼻地獄に墮す。

道元『正法眼蔵』

「順次生とは、この生の次の生なり」とあることから、明らかに「中有の身」ではなく、今生でなした行為に相応しい六道の苦身のいずれかの生を享けることを意味している（先に慧海が「後有の身」と呼んだものに当たる）。その一例として、彼は三無間業（殺父、出佛身血、破和合僧）を犯した提婆達多が順次生に阿鼻地獄に墮したことを挙げているのだ。順次生をこのように理解すると、この生（本有＝存在のバルド）もまた前世から見れば順次生であり、たまたまと言うべきか、幸いにと言うべきか、今われわれは人間として生まれている。そして、今生（本有）における行為がわれわれの未来の生（順次生＝当本有＝後有の身）を決定づけることになるのは提婆達多の例からも分かるであろう。

そこで、『歎異抄』の「いずれもいずれも、この順次生に仏になりて、たすけそうろうべきなり」（第五章）とある順次生を今の理解に従って解釈すれば（そんな解釈があるのかどうか私は知らないが）、三有（死有・中有・生有）でも悟ることができず、順次生はもう一度人間として生まれ、そこで仏となるべく努め、仏と成った暁には、思うがごとく衆生を助ける（度す）べきであるとなろうか。しかし、浄土門の人々（親鸞を語る人々）はわれわれ人間が今生（本有）で悟りを開くことなどあり得ないと考えているのだから（末法、機根劣悪などを理由に）、いつまでも悟ること（成仏）もなければ、まして利他行などあり得ないという矛盾が一つある。

ところが、である。浄土門の人々（同上）の順次生理解の多くは、この世の縁が尽き、命を終えるとき、直ちに浄土に往生し、「煩悩の黒雲はやく晴れ、法性の覚月すみやかにあらはれて」、悟りを得るときを指して順次生と理解しているようなのだ。つまり、仏（阿弥陀仏）の仰せにまかせきって（本願に乗託して）、浄土の信仰に生きたものは死後、三有をバイパスして、直ちに浄土（法性の都）に帰り、法身の悟りを開き、仏と成る時を順次生とみなしているのだ。これを「来生の開覚」と言うが、『歎異抄』の著者はこの順次生理解を聖道門（道元はそう考えていなかった）にまで敷衍して「おほよそ今生においては、煩悩・悪障を断ぜんこと、きはめてありがたきあひだ、真言・法華を行ずる浄侶、なほもつて順次生のさとりをいのる」（第一五章）と言う。

しかし、これを踏まえると、先の「このさとりをうれば、すなわち大慈大悲きわまりて、生死海にかえりいりて、普賢の徳に帰せしむともうす」（『唯信鈔文意』）とある、生死海に帰るをどう理解するかによってさらに矛盾が生じてくる。もしそれが、死後直ちに（順次生に）浄土に往生し、悟りを開き仏と成ったものが、今われわれがいる娑婆世界（本有）にもう一度、衆生抜済のために生を享ける（粗大身を身に纏う）という意味なら、彼は生まれながらに仏であろうし、今生で悟りを開いたとされる釈尊より（法然や親鸞が勢至、観音菩薩の生まれ変わりであることも超えて）、思うがごとく衆生を助ける衆生抜済の達人であろう。

さらに、仏と言えば、一般に浄土門の人々にとって釈尊一仏であるから、釈尊以降この世に仏は現れていない（三十二相等を備えた人は釈尊以外いないという理由で）。すると、順次生に仏と成って、再び生死海に帰り、利他行に努めるものは、過去、現在を問わず、誰一人としてこの世には存在しないことになる。

ともかく、いそぎ悟りを開くことも、いそぎ仏になることも死即往生にかかっているのであるから、衆生利益（利他行）について少し皮肉をこめて書いたように、早く浄土に往生し（つまり早く命を絶って）、まずは有縁から始めてはどうかということになるが、残念ながら、それほどの大慈大悲心を持ち合わせた勇猛な人はこの世には存在しないようだ。それとも、衆生利益（利他行）はこの世の縁が尽きた時に考えればよいと、しばらく魔郷に留まっているのであろうか。いや、実際は、悟りはもとより、信楽開発して、正定聚にも住していないのかも知れない。そうだとすると、親鸞の宗教性の基本である、正定聚に住して、滅度（無上涅槃）に至るという要請を欠くばかりか、自らの問題さえいまだ解決していない迷道の衆生に利他行などあり得ないだろう。悟り、あるいは成仏を命終え、直ちに浄土に往生した時とする順次生理解には、今述べたような矛盾が生じてくる。やはり、道元の順次生理解が理に適っているように思えるが、『死者の書』は今生（本有）はもとより、三有（死有・中有・生有）においても悟りは可能であると説いているのだ。

しかし、今、われわれはまだ存在のバルド（本有）にいるではないか。いずれ死を迎えるであろうが、それまでの時間、努め励むべきことがあるはず、仏法を学ぶのに遅すぎるということはない。そして、生死を離れ、仏と成ることは諸仏の本意であり、いずれも今生（本有）において悟りへの道に入ることを勧めているのだ。そうでなければ、本有より中有に至り、中有より当本有（順次生）に至る輪廻の輪はいつ果てるともなく廻り続けることになるからだ。『チベット死者の書』は一見すると死後の世界を描いているように思えるが、そうではなく、今生（存在のバルド＝本有）において仏道を歩むことの大切さを説いているのだ。

参考文献

①井上義衍（M27）著『親鸞聖人五ヶ条要文』（『夢想』「第七集」龍泉寺参禅道場）
平成元年五月発行（昭和五五年六月、浄土真宗安芸門徒の人々を対象になされた提唱）
テキストはこれに拠っているが、少し手を加えたところがあることをお断りしておく。
②井上義光（M16）著『親鸞のはらわた』（少林窟道場）
昭和三六年六月発行（初版は昭和四年一月）
＊周知の通り『教行信証』は大部分が経・論からなっているが、親鸞の言葉として引用している
ことをお断りしておく。

アウグスチヌス『告白』（山田訳）中央公論社
荒井・大貫『ナグ・ハマディ文書』（Ⅰ）（Ⅱ）（Ⅲ）岩波書店
井筒俊彦『イスラーム哲学の原像』岩波書店
入矢義高『馬祖の語録』禅文化研究所
『臨済録』、『碧眼録』岩波書店
エックハルト『説教集』（田島訳）岩波書店
宇井・高崎『大乗起信論』岩波書店

大橋俊雄『一遍上人語録』、『一遍聖絵』岩波書店
可藤豊文『瞑想の心理学』、『自己認識への道』法藏館
鏡島元隆『道元禅師語録』講談社
キルケゴール『死に至る病』（桝田訳）中央公論社
『国訳一切経』瑜伽部第八巻　大東出版
　毘曇部第二五巻　大東出版
『弘法大師空海全集』（宮坂他）筑摩書房
『チベットの死者の書』（川崎訳）筑摩書房
『天台本覚論』（日本思想体系）岩波書店
坂本・岩本『法華経』（上・中・下）岩波書店
望月良晃『大般泥・経』大蔵出版
柴山全慶『無門関講義』創元社
『浄土真宗聖典』本願寺出版社
『真理のことば』『ブッダのことば』（中村元訳）岩波書店
『真宗聖典』東本願寺出版部
親鸞『教行信証』、『歎異抄』（金子大栄）岩波書店
『禅の語録』全二〇巻（柳田他）筑摩書房

『禅学大辞典』大修館書店
高崎直道『楞伽経』、『維摩経』大蔵出版
『大乗仏典』全一五巻（長尾他）中央公論社
『大乗仏典』（世界の名著）中央公論社
道元『正法眼蔵』、『正法眼蔵随聞記』岩波書店
長尾雅人『摂大乗論』（上・下）講談社
『日本の禅語録』全二〇巻（入矢他）講談社
袴谷他『大乗荘厳経論』大蔵出版
パスカル『パンセ』（松浪訳）河出書房
平野宗浄『一休狂雲集』（上・下）春秋社
『プラトン全集』（田中他訳）岩波書店
法蔵『華厳五教章』（鎌田茂雄）大蔵出版
『妄尽還源観』（鎌田茂雄）大東出版社
増谷文雄『仏教の根本聖典』大蔵出版
『ルーミー語録』（井筒訳）岩波書店
柳田聖山『円覚経』筑摩書房
『禅語録』中央公論社

山田孝道『禅門法語集』至言社

http://www.geocities.co.jp/Technopolis-Mars/9248/paper.html

Al-JiIi; Universal Man. Beshara

Arberry; Discourses of Rumi. Murray

Byrom,T; Dhammpada. Sacred Teachings

Chang Po-Tuan; The Inner Teachings of Taoism. Shambhala

Chittick; The Sufi Path of Knowledge. Suny

Eckhart,M; Deusche Predigten und Traktate, von J.Quint. München

Guenther,H; The Eye of Spirit. Shambhala

Ibn Arabi; The Bezels of Wisdom, tras Austin. London

Karmay,S; The Great Perfection. E.J.Brill

Kelsang Gyatso; Clear Light of Bliss. Wisdom

Kierkegaads Papier. 2den Udgave. Kobenhavn

Kun-zang Lhal-lung. Diamond Lotus

Lama Mipham; Calm and Clear. Dharma

Lati Rinbochay & Hopkins; Death, Intermediate and Rebirth. Snow Lion

Liu-I-miug; Awakening to the Tao. Shambhala
Longchenpa; Kindly Bent to Ease Us.Dharma
Meyer,M; The Gospel of Thomas. Haper Collins
Namkhai Norbu; The Crystal and the Way of Light. RKP
Nicholson,R; The Mystics of Islam. Cambridge
Radhakrishnan; The Principal Upanisads. Oxford
Rumi,J; The Mathnawi. Gibb Memorial Trust
Robert W.Funk; The Five Gospels. A Polebridge Press Book
Robinson,J; The Nag Hammdi Library. Collins
Sogyal Rmpoche; The Tibetan Book of Living and Dyimg. Collins
Trungpa,C; The Tibetan Book of the Dead. Shambhala
Tulku Thondup; Buddha Mind. Snow Lion

あとがき

『親鸞聖人五ヶ条要文』の存在を私が初めて知ったのは、京都光華女子大学・真宗文化研究所主催の第七回『光華講座』（平成七年五月）に、ご出講頂いた坂東性純氏から所員の一人ひとりに譲り渡された、報恩寺発行の雑誌に掲載されたものを目にした時まで遡る。その場で一読した私は、いつかこの奇妙な作品を読み解いてみたいという強い欲求に駆られた。

そのためにも、はやく井上義衍老師（M27）が、昭和五五年六月、このテキストをもとに浄土真宗安芸門徒（広島）の人々を対象になされた提唱が纏められた『夢想』「第七集」（平成元年五月、龍泉寺参禅道場発行）があるとのことで、早速、ご子息の井上哲玄老師にお願いしたところ、『夢想』の他にご老師の著書を数冊ご恵贈頂いた。その中で、義衍老師は、提唱を終えるに当たり、伝え聞きとして、『親鸞聖人五ヶ条要文』は浅草の報恩寺に秘書としてあったそうですと質問に答えられている。

さらに、ネット上で義衍老師の御兄さんにあたる井上義光老師（M16）がこのテキストに解釈を付された『親鸞のはらわた』（昭和三六年六月、少林窟道場発行。初版は昭和四年一月）があることを知り、それも手に入れることができた。『要文』の参考文献としては、私の知る限り、奇しくもご兄弟によるこの二冊ではないかと思う。

その後、『要文』のことはいつも気にはなっていたが、その前に纏めておきたい仕事もあり、ようやく一昨年の四月（平成一三年四月）、真宗文化研究所において、『要文』の研究会を始めることにした。そのとき採用したテキストは、私の不手際で雑誌を紛失したこともあり、井上哲玄老師のご了解を得て、『夢想』「第七集」に掲載されているものを利用させて頂くこととし、また少し手を加えたところがあることをはじめにお断りしておきたい。

さて、本書の執筆は研究会とほぼ同時に進められたもので、この間、研究会に参加された方々には私の分かりづらい話にお付き合い頂いたことに深く感謝を申し上げるとともに、改めて拙著にお目通し頂き、私の意図が奈辺にあったかをご確認頂ければと願っている。しかし、『要文』の存在を初めて知られる方もおられるかと思うので（私のホームページで昨年の七月頃公開している URL; http://www.geocities.co.jp/Technopolis-Mars/9248/）、簡単に私見を述べておこう。

『親鸞聖人五ヶ条要文』の著者が表記通り親鸞自身であるかどうかは大いに疑問があるところで、私の一読した率直な感想からいっても、禅宗の流れを汲む宗教的思想家ではなかったかと思わせるところが『要文』の中に散見される。例えば、第五章に利他行を表す「異類中行」という言葉は、禅の思想家南泉普願や一休宗純などに見られるものである。しかし、一方でこの著者が禅宗の人でないことは、『要文』の初めに、「我が宗」（第一章）と言い、「一向一心の宗旨なりとて、他宗に耳をふたげ、我が宗に偏頗すること誠に愚痴の至りなり」（第二章）とあることなどからも明らかである。というのも、もし禅宗の人であるなら、「我が宗」とは言わなかったであろうし、「他宗」にも耳をかさねばならないと諌めはしなかったであろう。むしろ、この「他宗」こそ禅宗ではなかったかと私は考えているが、そうすると、この著者は禅にも通じた浄土真宗（一向一心の宗旨）の人（あくまで想像の域を出ないが、義衍老師はこの文書は親鸞が京都で道元に相見えた後の作品ではないかと考えておられるようだ）、あるいは禅から真宗に転向した人であったろうと考えるのが最も理にかなっているように思われる。

いずれにせよ、『親鸞聖人五ヶ条要文』が、その名の通り、直ちに親鸞の著作であると結論づけることは、この資料を見る限り、判断はできないようだ。しかし、私の主たる目的は、親鸞聖人と冠せられた『要文』をテキストとして、禅（真言密教を含む）と浄土について論じながら、浄土教の宗教的基盤を再検証し、現代に甦らせることなのだ。それはまた、浄土教の現代的意義を問うだけではなく、日本仏教史の主要な流れである真言、浄土、および禅を比較検討し、さらには釈尊の仏教の間に共通する宗教的要請は何かを明らかにすることにもなろう。

世情はもとより、人心も昏迷を深める今日、伝統を重んじる余り、「他宗に耳をふたげ、我が宗に偏頗する」のではなく、宗教はわれわれに一体何を説こうとしたのかを明らかにするためにも、このような基礎的な作業が必要ではないかと常々考えてきたが、何分浅学菲才の私がその任を果たすには、いかにも荷が重く、我が身を省みない不遜な試みと大方の失笑を買うことになるかもしれない。

ともあれ、親鸞の著作とされる、このあらゆる無駄を削ぎ落とした宗教的信仰の書が、今後、多くの人々に読みつがれることになるのかどうか、今の私には判断しかねるところであるが、私が付した解釈が、かえってこの書から読者の目を背けさせることにならなければと願うばかりである。そして、同時代に生を享けたあなたが、生きる意味も分からず、生きることに疲れ、途方に暮れているとしたら、あなたの中に私自身を見るという、ただそれだけの理由で、私は、あなた自身の心を明らかにすることが（『要文』第四章を参照）、あなたに残された唯一の課題であり、それを知ることが現状打開の道ともなるであろうことを言い添えておきたい。

なお本書は、平成一五年度、京都光華女子大学短期大学部の出版助成を得たものであること、しかも四年で三度の助成となったことを大変申し訳なく思うと共に、深く感謝申し上げたい。

最後に、今回もまた、本書の出版に至る一切のお世話を頂いた法藏館の上別府茂・上山靖子両氏に衷心より謝意を表する次第である。

二〇〇三年三月　京都にて

可藤豊文

可藤豊文（かとう　とよふみ）

1944年、兵庫県に生まれる。京都教育大学理学科（物理化学）卒。大谷大学大学院文学研究科博士課程（真宗学）を経て、コペンハーゲン大学キルケゴール研究所、およびカルガリー大学宗教学科でチベット密教などを学ぶ。主要論著として『神秘主義の人間学—我が魂のすさびに—』『瞑想の心理学—大乗起信論の理論と実践—』『自己認識への道—禅とキリスト教—』（法藏館）、「The Esoteric Buddhism in Nyingma」（真宗文化）など。専攻は宗教学、なかでもキリスト教神秘主義、スーフィズム、ヴェーダーンタ、道教、チベット密教、禅など、東西の神秘思想の系譜を辿る一方で、実践的ワークに取り組む。現在、京都光華女子大学短期大学部教授、ならびに真宗文化研究所主任。

連絡先
〒604-8163　京都市中京区室町通六角下ル鯉山町518-1011
TEL & FAX　075(255)0367
E-mail; rk068@mail.koka.ac.jp
URL; http://www.geocities.co.jp/Technopolis-Mars/9248/

親鸞聖人五ヶ条要文
二〇〇三年六月一〇日　初版第一刷発行

著　者　可藤豊文
発行者　西村七兵衛
発行所　株式会社法藏館
京都市下京区正面通烏丸東入
郵便番号　六〇〇－八一五三
電話〇七五(三四三)〇〇三〇(編集)
〇七五(三四三)五六五六(営業)

印刷・製本　リコーアート

ISBN 4-8318-7271-7 C1015